六说文学教育

陈平原 著

人民东方出版传媒有限公司
東方出版社

目录

目录

小　引

为什么是“六说”，而不是四五或七八说？没什么道理，就因为这几篇东西搁在一起顺眼。别的文章要加进来也可以，但最好作为附录。多年前读法国学者蒂博代的《六说文学批评》（赵坚译，北京：三联书店，1989年），对其中辨析自发的批评、职业的批评、大师的批评很感兴趣。轮到自己编小册子，竟然东施效颦。都是“说出来”的学问，人家一气呵成，我却是拼凑的——六文只是论题相关，且立场、思路及体例接近，如此而已。

诗意的校园、文学课程的设计、教学方法的改进、多民族文学的融通、中学语文课堂的驰想，不敢说步步莲花，但却是每一位文学（语文）教师都必须面对的有趣且严肃的话题。作为一个文学教授，关于“文学教育”，我其实有更专深的著述，如北京大学出版社刚推出的增订版《作为学科的文学史》，比起初版来，增加三篇长文，更添上个副题“文学教育的方法、途径与境界”。可以毫不夸张地说，谈论“文学”如何“教育”，不仅是我若干文章或书籍的标题（如《“文学”如何“教育”》，2002年2月23日《文汇报》；《“文学”如何“教育”——关于“文学课堂”的追怀、重构与阐释》，【香港】《中国文学学报》创刊号，2010年12月；《“文学”如何“教育”》，【台湾】新北市：新地文化艺术，2012年11月），更是我长期念兹在兹的心事。

这么重要的话题，为何用不到十万字的篇幅来草草打发？这就说到我的一篇小文——初刊《中国新闻周刊》2006年39期（10月23日）、后收入增订版《当代中国人文观察》（北京：北京大学出版社，2010年）的《怀念“小书”》。文章从钱锺书对周作人《中国新文学的源流》的评论说起，表彰周书那样虽有很多瑕疵，但“能引起读者许多反想”的书籍，然后借题发挥：“现在这种‘小而可贵’的书籍，到哪里去找？记得前些年三联书店出版‘三联精选’、北京出版社刊行‘大家小书’，还有上海人民出版社推出的‘袖珍经典’，销售情况据说都很好。可你仔细看，那都是过去时代的书，都是老一代学者写的。我们这一代，似乎不习惯写这样的‘小书’，一出手，没有三四十万字根本打不住。真的是这样吗？”不是这样又能怎样，难道你想试试？

是的，就是想试试。坦白交代，这是一本有意气、有关怀、有见解，但体例芜杂、毛病多多的小书。能否收获几位知音不得而知，但若能引起讨论或刺激读者反省当下中国的文学教育，则于愿足矣。

2016 年 2 月 23 日于京西圆明园花园

校园里的诗性[①]

——以北京大学为中心

无论古今中外，诗歌与教育（大学）同行。毫无疑问，诗歌需要大学。若是一代代接受过高等教育的青年学子远离诗歌，单凭那几个著名或非著名诗人，是无法支撑起一片蓝天的。反过来，若校园里聚集起无数喜欢写诗、读诗、谈诗的年轻人，则诗歌自然会有美好的未来。这一点，早已被“二十世纪中国文学史”所证实。但这只是事情的一个方面。我更愿意强调的是另一面，那就是，大学需要诗歌的滋养。专门知识的传授十分重要，但大学生的志向、情怀、诗心与想象力，同样不可

① 此文据作者在吉隆坡为马来亚大学中文系创系五十周年而举办的“亚洲杰出人文学者系列讲座”第一讲（2012 年 8 月 12 日）的演讲稿整理而成。因系讲稿，多处引述自家文章，敬请谅解。

或缺。别的地方不敢说，起码大学校园应该是“诗歌的沃土”——有人写诗，有人译诗，有人读诗，有人解诗。为一句好诗而激动不已、辗转反侧，其实是很幸福的。在这个意义上，不管你学的是什么专业，在繁花似锦、绿草如茵的校园里，与诗歌同行，是一种必要的青春体验。能否成为大诗人，受制于天赋、才情、努力以及机遇，但“热爱诗歌”，却不受任何外在条件的拘牵。因痴迷诗歌而获得敏感的心灵、浪漫的气质、好奇心与想象力、探索语言的精妙、叩问人生的奥秘……所有这些体验，都值得大学生们珍惜[①]。

本文主要追溯北京大学一个多世纪的诗歌创作及诗歌教育，描述二者如何相辅相成，结伴而行，既影响一时代的文学潮流，也对北大精神的形成发挥作用。

首先必须说明的是，我既非诗人，也不是诗评家，迄今为止，仅发表过一篇关于诗歌的专门论文，而且还

① 参见陈平原《诗歌乃大学之精魂》，《人民日报》2011 年 1 月 6 日。

是在二十七年前[①]。作为中文系教授，我有不少文学史著述，但主要讨论小说史、小说类型、叙事模式、明清散文，乃至中国戏剧研究的学术史；可以这么说，“诗歌研究”恰好是我的弱项。既不“扬长”，也不“避短”，故意选择这么一个自己并不擅长的话题，更多的是体现我的“人间情怀”——挑战现有的大学理念，纠正中文系的培养目标，努力完善中国的“文学教育”。

而这一切，基于我所扮演的三个不同角色——作为文学教授、作为北京大学中文系主任，以及作为北大中国诗歌研究院执行院长，若干视线交叉重叠，逐渐构成了本文论述的焦点。

① 参见陈平原《说“诗史”——兼论中国诗歌的叙事功能》，初刊《文化：中国与世界》第二辑，北京：三联书店，1987 年 10 月；收入《中国小说叙事模式的转变》作为“附录”二，上海人民出版社，1988 年。

一

大学校园里的文学教育，其工作目标主要不是培养作家，而是养成热爱文学的风气，以及欣赏文学的能力。

作为文学史家，尤其是以研究“中国现代文学”起家的北大教授，如何理解/阐释五四新文化运动，回应社会上以及学界中的各种质疑，是我们义不容辞的责任[①]。因为，在我看来：“人类历史上，有过许多‘关键时刻’，其巨大的辐射力量，对后世产生了决定性影响。不管你喜欢不喜欢，你都必须认真面对，这样，才能在

①“我所学的专业，促使我无论如何绕不过‘五四’这个巨大的存在；作为一个北大教授，我当然乐意谈论‘光辉的五四’；而作为对现代大学充满关怀、对中国大学往哪里走心存疑虑的人文学者，我必须直面五四新文化人的洞见与偏见。在这个意义上，不断跟‘五四’对话，那是我的宿命。”参见陈平原《走不出的“五四”？》，《中华读书报》2009 年 4 月 15 日。

沉思与对话中，获得前进的方向感与原动力。……对于二十世纪中国思想文化进程来说，‘五四’便扮演了这样的重要角色。”[①] 这是我在北大召开的“五四与中国现当代文学”国际学术研讨会（2009 年 4 月 23—25 日）上的“开场白”。

为了此次研讨会，北大中文系提供了两个“礼物”，一是北大中文系教师论文集《红楼钟声及其回响——重新审读五四新文化》，一是北大中文系学生创作并演出的“红楼回响——北大诗人的‘五四’”诗歌朗诵会。在论文集的“小引”中，我提及:“‘五四’新文化运动与北京大学的命运密不可分，更是‘中国现当代文学’这一学科的重要根基，正是这两点，决定了北大中文系同人常常与之对话——或考察‘五四’新文化运动内部错综复杂的关系，或探究‘五四’的前世今生及其遥远回响，或站在八十年代乃至新世纪的立场反省‘五四’的

① 陈平原:《如何与“五四”对话》,《中华读书报》2009 年 5 月 20 日。

功过得失。”[①] 至于如何创作这台诗歌朗诵会，曾有过不同的思路，我的建议是：此诗歌朗诵会须体现北大人的立场与视角，以便与研讨会、论文集“三位一体”，呈现“我们的”精神风貌。

“红楼回响——北大诗人的‘五四’”诗歌朗诵会2009年4月24日晚在北大办公楼礼堂举行，观众除北大师生，更有参加会议的国内外代表。演出刚结束，代表们纷纷跑来祝贺，最大的感叹，不是学生们精湛的表演技巧，而是没想到“诗歌”在北大竟有如此的感召力！

学生中有擅长表演的，这我事先知道；让我惊讶的是，这场诗歌朗诵会的整体构思——分国家篇、生命篇、哲思篇、情感篇四个部分，涵盖“五四”以降各时期北大著名诗人的作品。撇开表演形式（合唱、独唱、朗诵、伴舞、钢琴或口琴伴奏等），只列篇目及作者，此节目单可按表演顺序简化如下：

---

① 陈平原：《〈红楼钟声及其回响〉小引》，陈平原主编《红楼钟声及其回响——重新审读五四新文化》，北京大学出版社，2009年。

《希望》(胡适)、《赞美》(穆旦)、《地之子》(李广田)、《金黄的稻束》(郑敏)、《井》(杜运燮)、《黄河落日》(李瑛)、《和平的春天》(康白情)、《月夜》(沈尹默)、《叫我如何不想他》(刘半农)、《过去的生命》(周作人)、《暮》(俞平伯)、《沪杭道中》(徐志摩)、《我们准备着》(冯至)、《春》(穆旦)、《青草》(骆一禾)、《沧海》(戈麦)、《过客》(鲁迅)、《断章》(卞之琳)、《墙头草》(卞之琳)、《小河》(周作人)、《从一片泛滥无形的水里》(冯至)、《再别康桥》(徐志摩)、《独自》(朱自清)、《古木》(李广田)、《音尘》(卞之琳)、《预言》(何其芳)、《异体十四行之二》(王佐良)、《异体十四行之八》(王佐良)、《女面舞》(杨周翰)、《诉说》(南星)、《梦与诗》(胡适)、《以梦为马》(海子)、《新秋之歌》(林庚)。

除了特邀嘉宾北大中文系教授孙玉石先生朗诵

《山——从平原走近高山的一种灵魂的礼赞》，其余的诗作，基本上都是文学史上的“名篇”。

朗诵会兼及各种艺术形式，全方位地展现了新诗的美学空间，提供了一个重温新诗发展历程的特殊视角；加上学生们细腻的感受、专业的表演，以及贯串其中的激情，确实可圈可点[①]。参加演出的，全都是北大中文系学生（曾有人提议特邀某专业演员，后被否决）；而所朗诵的诗篇的作者，均曾在北大就读或任教。前者不难，后者则很不容易——此乃这台朗诵会最出彩、最吸引人的地方。只是有三点需要说明：第一，国立西南联合大学时期的学生（穆旦、郑敏、杜运燮），其学籍不仅属于北大，也属于清华与南开；第二，名为“诗歌朗诵会”，只选新诗，不含古典诗词，乃延续了未名湖诗会及未名诗歌节的传统，可以理解，但并不全面；第三，为了减少争议，新时期诗人中，只选了已去世的三位（海子、

① 参见《红楼回响：北大举办“五四”主题诗歌朗诵会》（于潇），北京大学新闻网（pkunews.pku.edu.cn），2009 年 4 月 28 日。

骆一禾、戈麦）。抛开这些自觉的“设计”，这台朗诵会还是不无遗漏，如缺了二十世纪二三十年代的冯文炳（废名）、四五十年代的吴兴华——而这两位，在我看来，都是值得大力表彰的优秀诗人[①]。

即便如此，一所大学的师生，与中国新诗发展史竟有如此密切的联系，实在让人惊讶。搭建起这场朗诵会的，“明线”是国家、生命、哲思、情感这四大主题，“暗线”则是半部现代中国诗歌史——从胡适、鲁迅、周作人、刘半农、沈尹默，到康白情、朱自清、俞平伯、冯至，再到徐志摩、何其芳、李广田、卞之琳，再到穆旦、郑敏、杜运燮、南星、王佐良、杨周翰，最后是海子、骆一禾、戈麦。这条“暗线”如此清晰，以致任何对中国现代诗歌史略有了解的人，都不可能漠视（林庚先生早年是清华大学著名诗人，1952 年后转为北大教授，讲授文学史课程之余，仍继续创作新诗）。

---

① 关于废名、吴兴华在中国现代诗歌史上的意义，参阅孙玉石及吴晓东的论述，见谢冕等著《百年中国新诗史略》79—80 页、138—139 页，北京：北京大学出版社，2010 年。

诗人西渡曾谈及:“在北大的诗人身上始终存在三个可以辨认的传统，一个是西方现代诗歌的传统，另一个是八十年代以来朦胧诗的传统，最后是北大诗歌自身的传统。”[①] 他所说的“北大传统”，是指二十世纪八十年代以来北大校园里涌动的以现代主义诗歌为榜样的“新诗潮”[②]。而在我看来，谈诗歌的“北大传统”，不应局限于八十年代，而应从五四新文化运动算起——若这么考虑问题，这场本只是“应景”的诗歌朗诵会，可以有很多的思考与发挥。

一如世界上许多著名大学，北京大学除了关注人类的知识承传、科技革新以及精神生活，还时刻浸染着“诗心”与“诗情”，甚至与特定时期的“诗歌创作”、

---

① 西渡:《燕园学诗琐忆》，橡子、谷行主编《北大往事》171 页，北京：中国文学出版社，1998 年。

② 作者此处着力表彰臧棣 1986 年上半年编选的《未名湖诗选集》:“通过这本选集这么一个传统第一次被总结出来。也就是说从此北大诗歌有了自己的‘经典’。”参见西渡《燕园学诗琐忆》，橡子、谷行主编《北大往事》171 页。

“诗歌运动”结下了不解之缘。以五四新文化人的提倡白话诗为起点，一代代北大师生，锲而不舍地借鉴域外诗歌艺术，同时努力与自家几千年的诗歌传统相结合，创作了众多优秀诗篇。有人积极关注诗经楚辞、汉魏乐府以及唐诗宋词的形式演进，为理想的新诗写作寻找借鉴与支持；有人“不薄新诗爱旧诗”，执着于传统诗歌的魅力，坚信其仍有灿烂的明天；也有人关注中外诗歌的翻译、诠释与对话，努力探索人类诗歌的共通性。正是这种执着于自家传统，而又勇于接受各种异文化的挑战，在消融变化中推陈出新，才使得中国诗人的创造力从未枯竭。

但是，这一传统并非“自然而然”；相反，大学校园里的“诗性”，正日渐受到“科学”等各种专业知识的挤压。最近十几年，我一直关注中国大学为何以“文学史”为中心，思考这一文学教育之功过得失，辨析“学问”（知识）与“诗性”（文章）的合作与分离。我再三强调，大学校园里的文学教育，其工作目标主要不是培养作家，而是养成热爱文学的风气，以及欣赏文学的能力。这样来看待大学校园里各种层次的“文学”——包括科系设置、课程选择，以及社团活动等，会有比较通达的见解。

记得上世纪七十年代末八十年代初思想解放运动时，各大学的学生刊物曾发挥很大作用。我曾撰文谈及中山大学的《红豆》，以及全国大学生杂志《这一代》等。现在呢？北大每年都举行“未名诗歌节”，还有中文系学生办《启明星》等，很活跃，但影响有限。其实，从五四时期北大学生办《新潮》起，校园文学始终生机勃勃，是文学人才的摇篮，也是文学创新的试验田。①

北京大学作为新文化运动的策源地，当初曾奋起抗

① 陈平原:《大学校园里的“文学”》,《渤海大学学报》2007 年 2 期。

争，“新教育与新文学”配合默契[①]，凡谈论“中国现代文学”或“五四新文化运动”者均会涉及。其实，其他大学也有类似的情况，比如二十世纪二十至四十年代的清华大学、东南大学、西南联大、延安鲁艺等，都有相当精彩的文学活动[②]。

1903 年清廷颁布《大学堂章程》，在“文学科大学”里专设“中国文学门”，主要课程包括“文学研究法”、“历代文章流别”、“西国文学史”等十六种。其中最值

---

①“教育改革与文学革命，二者不尽同步，但关系相当密切。大作家不一定出自名校，成功的文学运动也不一定起于大学，这里所要强调的是，‘文学教育’作为一种知识生产途径，或直接或间接地影响了一时代的文学走向。教育理念变了，知识体系不能不变；知识体系变了，文学史图景也不可能依然故我。大学里的课堂讲授，与社会上的文学潮流，并非互不相干：对文学史的叙述与建构，往往直接介入当下的文学创造。”参见陈平原《新教育与新文学——从京师大学堂到北京大学》，《学人》第十四辑，南京：江苏文艺出版社，1998 年 12 月。

② 关于这个问题，请参阅以下著作：张玲霞:《清华校园文学论稿》，北京：清华大学出版社，2002 年；高恒文:《东南大学与“学衡派”》，桂林：广西师范大学出版社，2002 年；姚丹:《西南联大历史情境中的文学活动》，桂林：广西师范大学出版社，2000 年；王培元:《抗战时期的延安鲁艺》，桂林：广西师范大学出版社，2008 年。

得注意的是，提醒历代文章源流的讲授，应以日本的《中国文学史》为摹本。此前讲授“词章”，着眼于技能训练，故以吟诵、品味、模拟、创作为中心；如今改为“文学史”，主要是一种知识传授，并不要求配合写作练习。这一变化，对于“文学教育”来说，可谓天翻地覆。

这不是一个偶然的“突发事件”，而是进入现代社会，“文学”成为一门“学问”所必须付出的代价。十年前，我曾在一则题为《“文学”如何“教育”》的短文中谈及：“文学教育的重心，由技能训练的‘词章之学’，转为知识积累的‘文学史’，并不取决于个别文人学者的审美趣味，而是整个中国现代化进程的有机组成部分。‘文学史’作为一种知识体系，在表达民族意识、凝聚民族精神，以及吸取异文化、融入‘世界文学’进程方面，曾发挥巨大作用。至于本国文学精华的表彰以及文学技法的承传，反而不是其最重要的功能。”①

具体到北京大学的文学教育，以五四新文化运动为

---

① 陈平原：《“文学”如何“教育”》，《文汇报》2002年2月23日。

界，可分为两个阶段:“前二十年的工作重点，是从注重个人品味及写作技能的‘文章源流’，走向边界明晰、知识系统的‘文学史’；后二十年，则是在‘文学史’与‘文学研究’的互动中，展开诸多各具特色的选修课，进一步完善专业人才的培养机制。”① 所谓“后二十年”，因该文只讨论到1937年抗战全面爆发。其实，此后的半个多世纪，中国大学里的“文学教育”，基本上是“萧规曹随”，没有大的变化。

为何将“文学教育”突变的焦点锁定在五四新文化运动？因当年引领风骚的北大国文系，文白之争逐渐消歇，“文学史”成为主要课程，“小说”、“戏曲”开始登上大雅之堂，“欧洲文学”更是必不可少；与此相适应的，是胡适等新派教授之积极提倡“科学”精神、“进化”观念以及“系统”方法。如此学术立场，恰好凸显国文系的尴尬——我们亟须的，到底是“学问”还是

① 参见陈平原《知识、技能与情怀——新文化运动时期北大国文系的文学教育》(上),《北京大学学报》2009年6期。

“文章”？

经由“文学革命”与“整理国故”的双重夹击，国文系的古诗教学，面临诸多危机，其中最为明显的是，学者们都直奔考据而去，其讲授越来越偏重“学问”而非“性情”或“文章”。古诗文的教学，如北大国文系长期开设的“中国诗名著选”和“中国文名著选”，均注明附“作文”或“实习”（清华、燕京等大学也都要求学生修习此类课程时须练习写作）。可随着时间的推移，此类古诗文习作越来越徒具形式。而新文艺研究及写作的课程，历经十年坎坷，终于正式启程[①]。很可惜，同学们报名并不踊跃，经校方再三催请，由胡适、周作人、俞平伯任指导教员的散文组，由徐志摩、孙大雨任指导教员的诗歌组，由冯文炳任指导教员的小说组，由余上沅任指导教员的戏曲【剧】组，合起来也才招到了11名学生。实际上，喜欢文学创作的，不一定念中国文学系；

① 参见《中国文学系课程指导书》，《北京大学日刊》1921年10月13日；《中国文学系课程指导书摘要》，《北京大学日刊》1931年9月14日。

至于国文系学生，因专业课程分语言、文学及整理国故三类，精挑细选时，很可能“喜旧”而“厌新”。这一大趋势，一直延续到二十世纪五十年代，因意识形态重建的需要，才有了实质性的变化[①]。另外，很遗憾，一直到今天，各大学中文系的“文学教育”，依旧以“文学史”为中心，重考据而轻批评，重学问而轻文章。

我曾力图在思想史、学术史与教育史的夹缝中，认真思考作为课程设置、作为著述体例、作为知识体系以及作为意识形态的“文学史”，四者之间如何互相纠葛，牵一发而动全身，并进而反省当今中国以“积累知识”为主轴的文学教育，呼唤那些压在重床叠屋的“学问”底下的“温情”、“诗意”与“想象力”——这既是历史研究，也是现实诉求[②]。作为中文系教授，我最大的感叹是，在现

---

① 参见陈平原《知识、技能与情怀——新文化运动时期北大国文系的文学教育》（上）。

② 参见陈平原《〈假如没有“文学史”……〉小引》，《假如没有“文学史”……》，北京：三联书店，2011年；陈平原《〈作为学科的文学史〉后记》，《作为学科的文学史》，北京：北京大学出版社，2011年。

代巨型大学中，人文学科的地位正逐渐向边缘转移；而大学里的“文学教育”，又在“专业”与“趣味”、“知识”与“技能”之间苦苦挣扎，始终没能找到正确的位置，因而也就无法“大声地”说出我们的“好处”。

二

诗歌的先锋性、精神性以及实验性，明显更适合于时间有限但才华洋溢的大学生们。热爱诗歌，并不一定“圣洁”，更多的是代表着青春，代表着精神，代表着梦想。

2010 年秋天，北大中文系举行百年庆典。此前，我们组织教师们编写“北大中文百年纪念”丛书，抢在庆典前由北京大学出版社刊行。这六卷有关北大中文系历史及人物的文集，由十八位教师分头编选，大致边界如下:《我们的师长》追怀已经去世的教授,《我们的五院》记述仍然在世的老师,《我们的园地》选辑 1977 级以来北大中文系的校园文学创作,《我们的诗文》收录北大中文系教师学术著作以外的诗文——这些都很明确，比较难以厘清的是《我们的学友》和《我们的青春》。都是征集校友文章，前者倾向于著名学者，后者更多的是作家或文学爱好者。在实际操作中，《我们的青春》征稿最为艰难，也最具戏剧性。因为，如此书名，任何一个系友都“有话可说”。谁都有自己一去不复返的“青春”，北大中文系的学生们，如何在风景如画的燕园里，尽情地享受或挥洒？读《我们的学友》和《我们的青春》，二者所追忆的校园生活完全不一样。前者是渊博的学识，后者是浪漫的性情。其实，此前北大百年校庆，学者编的《北大旧事》关注学术与思想，诗人编的《北大往事》侧重文学与文化，已经显示这一区隔[①]。这既与编者的立场及趣味有关，也隐含着整个时代风气的变迁——二十世纪八九十年代，北大校园里确实到处弥漫着浓郁的“理想”、“激情”与“诗意”。

① 陈平原、夏晓虹编:《北大旧事》，北京：三联书店，1998年；橡子、谷行主编:《北大往事》，北京：中国文学出版社，1998年。

在校时并非诗人、毕业后赴美留学、现为美国马里兰大学教授的刘剑梅，在为北大中文系百年纪念而撰写的《搭上了理想主义的末班车》中称：

> 我记忆中的北大，是充满诗歌和诗情的。……最有意思的是，我所在的85文学班，是一个人人皆诗人的班级。每次同学聚会，都有诗歌朗诵，都有吉他伴奏，都有轻声吟唱，在朦胧的月光下，在宁静的未名湖旁，我们静静地沉浸在心与心的交流中，体会着诗歌的美感，体会着文字的神秘，体会着彼此年青的心跳。现在回想起这些青春时期的场面，就像鲁迅回忆少年时的闰土一样，是一幅神异的图画，连深蓝的天空、金黄的月亮都有着传奇般的迷人的气味，而且这种气味是根本无法复制的。是的，当时我们每一个人都是诗歌的恋人，文学的恋人，和思想的恋人，虽然当时我们没有电脑，没有手机，没有网络，可是我们却共同拥有对文学的热爱与激情，我们人人都会写作，个个都有文才，都有浪漫

的文人情怀，都能体会到艺术的“本真”，而这种浪漫情怀、这种本真的艺术感觉（或者“灵晕”）在电子数据时代和商业时代早已一去不复返了。[①]

不管是早年的“中国文学系”，还是现今的“中国语言文学系”，“文学教育”始终是重中之重。你可以说中文系不以培养作家为主要目标[②]，但毫无疑问，这个学系应该是整个大学校园里最有“诗性”的地方。

“文革”结束后的北大中文系，确实创办了不少文学杂志，从改革开放初期的《早晨》《未名湖》，到后来的

① 刘剑梅：《搭上了理想主义的末班车》，臧棣、夏晓虹、贺桂梅编《我们的青春》241—242页，北京：北京大学出版社，2010年。

② 关于北大中文系主任杨晦“中文系不培养作家”的名言（其实，西南联大中文系主任罗常培已有此说法），有各种解读方式，我的理解是：“作家需要文学修养，但个人的天赋才情以及生活经验，或许更为关键。古往今来的大作家，很少是在大学里刻意培养出来的。再说，北大中文系承担培养语言研究、文学研究、文献研究专家的任务，倘若一入学便抱定当作家的宏愿，很可能忽略广泛的知识积累，到头来两头不着边，一事无成。”参见《“文学”如何“教育”》，《文汇报》2002年2月23日。

《启明星》《博雅》《我们》，甚至还有专刊旧体诗文的《北社》等。关于“文学七七级的北大岁月”，以及《早晨》《这一代》的故事，黄子平有精彩的描述①。那时的北大校园，文学创作很活跃，有小说，有散文，有诗歌，也有戏剧演出（剧本未见刊出）。换句话说，那时北大的校园文学创作，诗歌并不独占鳌头。

到了1990年3月，为纪念中文系系刊《启明星》创刊十周年，编辑出版了《启明星作品选1980—1990》，分诗歌卷和散文小说卷两大部分，散文小说卷只收8篇作品，诗歌卷收了33位作者的近200首诗作。不全是篇幅问题，“可以说，诗歌创作占据了《启明星》的绝对主导地位”。据《我们的园地》编者之一吴晓东分析：“《启明星》从它诞生的那天起就一直在塑造着燕园自己的传统。一届届未名湖畔的年青诗人们都在走进这座已经古老的校园之后带着燕园文学传统的或深或浅的烙印又从

---

① 参见黄子平《〈文学七七级的北大岁月〉前言》及《早晨，北大》，岑献青编《文学七七级的北大岁月》8—9页，71—75页，北京：新华出版社，2009年。

这座仍旧年青的校园走出去。每个诗人都在承受着这种传统的影响的同时又参与了对这个传统的塑造。在他们的身后拖着长长的执着求索的足迹直至年青的生命的代价。”[①] 为何最近三十年的“燕园文学传统”以诗歌为主?这与学生的年龄、趣味以及知识背景有关。七七、七八级大学生有丰富的社会阅历，若有才情及时间，撰写长篇小说没问题；以后的大学生，从校园到校园，社会阅历很有限，在紧张的课业之余，创作好的长篇小说（或多幕剧），可能性不大——除非放弃学业。相对来说，诗歌的先锋性、精神性以及实验性，明显更适合于时间有限但才华洋溢的大学生们。

于是，对于二十世纪八十年代以后北大中文系的学生来说，“诗歌”成了重要的生命记忆。1985 年进入北大中文系的郁文（以下论述，尊重诗人们的习惯，用笔名而非学籍簿上的本名），回忆《启明星》以及诸多诗

---

① 吴晓东:《〈我们的园地〉编后记》，吴晓东、王丽丽、金锐编《我们的园地》375—379 页，北京：北京大学出版社，2010 年。

人的故事:“在未名湖畔，大家一起谈新诗，是一件‘美的不能胜收的事情’（一位同学在毕业后写给我的信中这样说)。”[①] 两年后（1987）考入北大中文系的李方称:“我们都是诗人，每人一个大本，成天命根子似地带着，没事就写两行。每天最快活的时光要算熄灯后，一时还不睡，就点上蜡，一人一首地朗读自己的得意之作，互相品评，免不了彼此吹捧或攻击一番。”[②] 五年后（1990）步入燕园的冷霜也有类似的追忆:“有些没课的上午，我们在靠窗的桌前相对而坐，各读各的书，偶尔就因一个话头聊起来，谈的大多与诗有关。谈各自对诗的理解，也把刚写出不久的近作拿给对方看。”[③]

1981年考入北大英文系、日后成为著名诗人的西川，曾撰文回忆在燕园学诗的过程，以及如何结识诸多诗友，

① 郁文:《诗歌与骚动》，橡子、谷行主编《北大往事》(二) 207页，北京：新世界出版社，2001年。

② 李方:《文人之初》，橡子、谷行主编《北大往事》294页。

③ 冷霜:《我们的青春》，臧棣、夏晓虹、贺桂梅编《我们的青春》298—299页。

开展一系列诗歌活动[1]。而1983—1993年就读北大中文系的诗人麦芒，谈及当初编《启明星》以及与诸多诗人交往的经验：“文学，尤其是诗歌，呈现的是个人与社会共同自由发展的美好远景。某种类似于文艺复兴的呼唤牵住了我们的鼻子。人能感到每天都在蜕去旧壳换上新的身体。具体表现在诗歌上就是：在北大的诗人既与校外各路人物有着广泛交流，又在校园之内各个年级与系别之间保持着良性竞争与互补的关系。”[2] 二十世纪八九十年代，燕园里到底有多少诗人，谁也说不清。据当初的诗人、日后的学者冷霜称：“有一次和西渡兄聊天，他告诉我他大学时一个宿舍里六个人都写诗。那正是80年代后期。到了90年代初，诗歌热已经消退，我的宿舍里写诗的还有一半，在90级中文系里算‘密度’最大的了。”[3]

---

① 西川：《小事物的精英》，橡子、谷行主编《北大往事》67—78页。

② 麦芒：《诗歌的联系》，橡子、谷行主编《北大往事》101—102页。

③ 冷霜：《我们的青春》，臧棣、夏晓虹、贺桂梅编《我们的青春》298页。

值得注意的是，北大校园里流行的不是一般意义上的“诗歌”，而是五四新文化人开创的“新诗”——尤其是深受欧美现代主义诗人影响的“现代诗”。至于传统中国诗歌，或曰“旧体诗”，虽也有人研习，但备受压抑。我接触的教授中，如季镇淮、陈贻焮、袁行霈等都喜欢写旧诗，且有诗集存世或刊行。林庚有点特殊，长期讲授文学史及古典诗歌，但目标却是创造更有意境、更有发展前途的中国新诗。张鸣曾专门撰文，描述林庚先生讲授楚辞的风采，并记录下林先生关于文学史及新诗的议论[①]。北大校园里，始终有写作旧体诗词的传统，

① 当被问及更看重自己的学术研究还是新诗写作时，林庚先生坦承自己更看重后者：“因为文学史研究主要是对古代人的研究，它也帮助我在新诗方面有好多提高，但作为我一生中主要的事情，还是从事新诗的创作，所以现在我的《文学史》交卷了，我还在整理我关于新诗的理论。因为我觉得，科研当然重要，但科研总还是能对新文坛起一点作用才好，如果我因为研究这些古典的东西而使得我在新诗坛上取得一些突破性的成绩，我就很满意了。”参见张鸣：《那难忘的岁月，仿佛是无言之美》，岑献青编《文学七七级的北大岁月》157 页。研究旧诗是为了更好地创作新诗，类似的意思，林庚先生早年也曾表述过。

如成立于2002年夏的北社，其社刊《北社》（专刊本社成员创作的旧体诗词和文言文作品）已发行了16期，但力量与声势远不及新诗。《我们的青春》一书中，仅有韩敬群追忆“在北大写旧诗的经历”[①]。

反过来，不少原先热爱旧体诗的学生，进入北大校园后，转为新诗写作。如诗人西川在《小事物的精英》中提及：“我从16岁开始画画，写诗。画画是我的主业，写诗只是副产品（为了用文字填充画幅），所以上大学之前我一直写古体诗。进了大学门，古体诗的形式不够我用来表达新事物、新情感了，加上又读了《圣经》和巴金的《家》，我这才改写新诗。”[②] 而毕业于北大中文系的博士、诗人麦芒，也在《诗歌的联系》中讲道：“我当时主要仍迷恋于旧诗，律诗、绝句和词都写，从中学带来的习惯，冥顽未化。”进入北大后，受周围风气的影

---

① 参见韩敬群《和陶——回忆在北大写旧诗的经历》，臧棣、夏晓虹、贺桂梅编《我们的青春》228—233页。

② 西川：《小事物的精英》，橡子、谷行主编《北大往事》74页。

响，麦芒很快转向了新诗，并与同学王清平、臧力、徐永恒、蔡恒平等组织诗社，开展一系列活动[①]。

北大校园里，让在校生及校友梦牵魂绕的诗歌活动，除了宿舍里的埋头写作，图书馆旁的如切如磋，更有未名湖畔的诗歌集会。其中最典型、影响最大的，莫过于未名湖诗会——未名诗歌节。冷霜在《中文系，青春与诗歌的过往》中称："当我想到青春，想到大学读书的日子，最珍贵的记忆都与诗有关"；"对在北大写诗的人来说，最重要的日子莫过于每年一届的未名湖诗会"[②]。另一位北大中文系毕业的诗人钱文亮，也在《北大和我的后青春时代》中说："在我进校的时候，北大的诗人群体已经成为当代诗坛不可小觑的重要力量，每年举办的'未名诗歌节'也成为国内持续时间最长、最稳定的校园诗歌活动，吸引着全国各地的诗人艺术家。从某种意义

① 参见麦芒《诗歌的联系》，橡子、谷行主编《北大往事》99—104页。

② 冷霜：《中文系，青春与诗歌的过往》，《新京报》2010年10月19日。

上，在全国高校文科学生的心目中，‘未名诗歌节’已经成为北大的标志和象征，北大人对诗歌的一往情深和坚贞不渝，在当下愈趋物质化、世俗化的时代，本身就是对于当代诗歌最重大的推动和贡献。”[①]

未名诗歌节由原北大未名湖诗会演变而来。未名湖诗会创办于1983年，原定每年秋天举行；1993年起，为了纪念在春天去世的诗人海子，改为每年3月26日（海子忌日）举办。2000年起，未名湖诗会扩展为未名诗歌节——号称“中国第一个诗歌节，或许也是影响最大的诗歌节”。“诗歌节的前身是诗会，所不同的是，诗歌节的时间更长，活动更丰富，不仅包括诗会朗诵会，一般还有系列讲座、沙龙、专场朗诵、印行诗集等内容，全方位多角度地展开，让更多的人接触到诗歌，并和诗歌发生关系”[②]。这一更具当代文化色彩的诗人聚会形式，

---

① 钱文亮:《北大和我的后青春时代》，臧棣、夏晓虹、贺桂梅编《我们的青春》381–382页。

② 参见拉家渡、王璞《一个特殊的诗歌群落——未名湖诗会20年》,《南方周末》2002年4月18日。

为以后各届未名诗歌节所承袭，只不过为了凝集对话的焦点，每届确定一主题：第二届（2001）是“黑暗的回声”，第三届（2002）乃“双重眼界”，第四届（2003）为“我诗故我在”，第五届（2004）则是“交叉路径”；第六届（2005）开始，北大新诗研究所积极介入，与北大中文系和五四文学社联手，力图打造规模更大、影响更广的诗歌节。第七届（2006）的主题是“距离的组织”，第八届（2007）为“耳中火炬”，来源于诺贝尔奖得主卡内蒂的同名自传；第九届未名诗歌节（2008）恰逢北京大学校庆 110 周年，于是定为“诗响家 110”；第十届（2009）为“半完成的海”，第十一届（2010）乃“昨天，空间，现在”，第十二届（2011）则是“第二自我”；2012 年春天举办的第十三届未名诗歌节，以“结局或开始”为名，邀请了生于七十年代和八十年代的约二十位诗人嘉宾参与开幕式讲读活动，力图让诗歌节的范围更加开阔，更加年轻……[1]。

参加未名诗歌节，欣赏当代诗坛诸多诗人的英姿，看他们在五光十色的舞台上朗诵诗作，或严肃“布道”，或自我调侃，还伴有民谣演唱等，对于热爱文学的年轻人，颇具视觉冲击力及文化吸引力。更何况，无论是传统教育，还是现代传媒，都对大学生参与这种狂欢节般的“诗歌活动”持赞赏态度。“对一个普通的北大学生而言，这是一个新奇的活动、一个另类的节日；对诗人，同样也如是。”著名诗人、北大副教授臧棣在接受记者采访时称：“对诗歌节的种种形式，我都能接受，不反对不讨厌。纯粹的诗歌朗诵我喜欢，像这种热热闹闹的诗歌聚会我也不拒绝，因为对诗歌来说，这些诗歌艺术节都是一件好事”。结论是：“朗诵既能毁灭一首诗，也能复活一首诗”[2]。

要说“朗诵”可以“复活一首诗”，最典型的，莫

---

① 关于历届北大未名诗歌节的主题，承蒙诗歌节的积极参与者、我指导的博士研究生徐钺整理并提供，特此致谢。

② 参见侯虹斌《朗诵既能毁灭一首诗，也能复活一首诗——诗人臧棣访谈》,《南方都市报》2005 年 4 月 26 日。

过于海子的《祖国（或以梦为马）》。日后热心参与未名诗歌节的组织活动且贡献甚大的诗人、中文系 1997 级古典文献专业学生马雁，如此描述其第一次参加未名湖诗会的情景：

> 到了未名湖诗会，见到好多诗人，尤其是擅长朗诵的剧社成员用表演性的腔调朗诵海子《祖国（或以梦为马）》，我们才真的被诗歌震慑住了。朗诵者完全是用一种舞台的气魄在进行，催人泪下是绝对不过分的描述。我记得坐着校车回到昌平以后，几乎整夜我们宿舍里同学都没有合眼，开着应急灯，朗诵海子的诗，想要获得朗诵会上催人泪下的效果而不可得。简直如同一场醒不过来的急梦，把人急得啊没办法，为什么我们就不能朗诵出那种澎湃来呢？大概就是从那晚起，忽然掀起了一阵写诗的热潮……[①]

---

① 马雁：《我在中文系的日子》，臧棣、夏晓虹、贺桂梅编《我们的青春》349—350 页。

1979级北大法律系学生海子（原名查海生），大学期间开始诗歌创作；1989年3月26日在山海关卧轨自杀，年仅25岁。作为20世纪80年代后期新诗潮的代表人物，海子在中国诗坛占有十分独特的地位，他的诗以及他的死，影响极为深远。可以这么说，海子乃北大诗歌的神话，而其《祖国（或以梦为马）》，又最适合于广场朗诵：

万人都要将火熄灭
我一人独将此火高高举起
此火为大
开花落英于神圣的祖国
和所有以梦为马的诗人一样
我借此火得度一生的茫茫黑夜[①]

凡参加过未名湖诗会或未名诗歌节的同学，大概都

---

① 西川编:《海子诗全集》434页，北京：作家出版社，2009年。

会对集体朗读海子的诗记忆犹新。因为，“连续好几届未名湖诗会都以朗诵海子的《祖国（以梦为马）》作为开场”[①]。不难想象，在诗人集会上，“或十几个或数百人齐声朗读着‘以梦为马’和‘面向大海，春暖花开’”，那情景确实很有震撼力。“直到现在的每年春天，都会有一些知名或不知名的人从各个高校和全国各地赶来，聚集在未名湖边用‘以梦为马’为暗号接头，纪念海子和诗歌逝去的光环”[②]。

就像臧棣在接受《南方都市报》记者采访时说的，二十世纪八十年代，诗歌集会很有人气，活动时也不需要多少资金；“而今天，活动有一个资金问题，单是场租一个下午或晚上就要四五千块钱，学生已付不起了”[③]。也正

---

① 参见拉家渡、王璞《一个特殊的诗歌群落——未名湖诗会20年》。

② 参见许秋汉《未名湖是个海洋Ⅲ》，钱理群主编《寻找北大》222页，北京：中国长安出版社，2008年。

③ 参见侯虹斌《朗诵既能毁灭一首诗，也能复活一首诗——诗人臧棣访谈》。

因此，“未名诗歌节的形成有一个资本介入的过程”——一开始是北大中文系的有限拨款，2005年起则有北大新诗研究所的积极介入以及中坤集团的慷慨解囊。研究者称，“对于资助与被资助的双方来说，这一举动是双赢的”，理由是：“北京大学以及北京大学中文系借由这场声势浩大的年度诗歌狂欢来提醒人们对于新文学历史中以及新诗史中北大特别是北大中文系的重要传统和作用，而中坤集团则借助于此来证明它们是一个有文化和素养的企业”[①]。谈论北大的未名诗歌节，由“资本介入”联想到“商业利益”以及“权力支配”，很深刻，但似乎

① 参见许莎莎《从神坛走向狂欢——未名高校诗歌节文化符号意义阐释兼论诗歌现状》，《新诗评论》第十一辑70—87页，北京：北京大学出版社，2010年。论及诗歌节的“资本介入”，作者的立场有点犹疑，既称：“中坤集团的董事长骆英是一位诗人，也是北京大学中文系的校友，他的资助肯定有个人情感因素在里边，但如此之大和持续性的资助，对于一个商人来说，也肯定有市场化和利益化的考虑在其中”；又说：“过于强调资助者一方的利益是不合适的，也许对于北大的诗人群乃至于高校诗人群来说，甚至是对于学院派诗人，对于当代诗人的整个群体来说，诗歌节的存在可能是更重要的。”

有点过度阐释。到目前为止，此诗歌活动的民间性仍得以保持——学生们自作主张，独立操作，中文系或新诗所（诗歌研究院）只是表达强烈关注，需要时给予人力、物力及道义上的支持。

2010年，为了纪念北大中文系百年系庆，诸多系友积极撰文。请看诗人西渡的《传奇的开篇》：

> 从1977年恢复高考以来，北大中文系一直是诗人窝。在这里，诗人不是一个一个出现，而是一伙一伙涌现的。三十多年来，这个诗歌的链条从没断过。1998年北大百年校庆，臧棣和我合编过一本《北大诗选》，收1977级到1996级北大出身的诗人78家，其中中文系出身的诗人51家，是当然的主力。其后十多年，这一诗人队伍又有可观的壮大。这些诗人有的本科毕业后即离开母校，有的硕士、博士一直念到学位的尽头，更有少数幸运儿至今仍在中文系或在北大其他院系任教。无论前者还是后者，在中文系求学的经历都是其生命中的一个华彩乐章，

同时也是其或平淡或传奇人生一个不平凡的开篇。对他们中的多数人，种子就是在这个阶段埋下的，精神的成长也由此开始。收获的季节也许美不胜收，但它的开篇却更精彩。[①]

北大中文系能出大诗人，那是最好的；若做不到，则退而求其次，希望同学们在校期间曾与诗歌有过“亲密接触”。有人称，“对我而言，北大的形象是随着北大的诗歌而愈发圣洁的，如果没有海子和西川，也许北大就不再是个梦想”[②]；也有人说北大盛产诗人，诗人多的地方是非多矛盾多，各种诗歌团体背后蕴含着权力与欲望[③]；更有人嘲笑北大诗人毫无来由的“狂傲”，以及

① 西渡：《传奇的开篇》，臧棣、夏晓虹、贺桂梅编《我们的青春》244 页。

② 参见刘煜《与飞翔有关》，橡子、谷行主编《北大往事》（二）356 页。

③ 参见许红《儿子才当作家》，橡子、谷行主编《北大往事》（二）217 页。

如何用艰深文饰其浅陋[①]。在我看来，这三种描述，都是真实可信的。热爱诗歌，并不一定“圣洁”，更多的是代表着青春，代表着精神，代表着梦想。因此，我更关注的，是那些当初不是诗人、或日后放弃写作的曾经的诗人，他/她们对于燕园生活的记忆——如果他们觉得，因为有了诗歌，“在中文系求学的经历都是其生命中的一个华彩乐章”，那就值得我们为之庆幸与骄傲。

三

无论任何时代，诗歌都应该是大学的精灵与魂魄，不能想象一所大学里没有诗与歌——那将是何等的枯燥乏味！

谈及这些，涉及我的另一个身份——北京大学中国

① 参见谭五昌《世纪末的北大》，橡子、谷行主编《北大往事》（二）379—380页。

诗歌研究院执行院长。成长在一个“诗的国度”，北京大学几乎从创立那一刻起，就与“诗心”、“诗情”、“诗歌创作”、“诗歌运动”结下了不解之缘。这已被过去的历史所证实，至于能否延续这一光荣，端看今天以及日后的燕园主人是否争气。当下中国，如何有效地协调诗歌的创作与研究、校园与社会、经典化与普及性，是个不太好解决的难题。2010 年秋天，借助中文系百年庆典的机遇，在北大校方及中坤集团的大力支持下，原北大中国新诗研究所、北大中国古代诗歌研究中心合并，再整合其他学术资源，创建了北大中国诗歌研究院。北大中国诗歌研究院院长由谢冕担任，我是执行院长，副院长为骆英，也就是北大中文系系友、中坤集团董事长黄怒波。

因北大中国诗歌研究院成立，《人民日报》约了一组文章——谢冕的《时代呼唤诗歌的担当》、陈平原的《诗歌乃大学之精魂》、骆英的《诗歌走到了一个门槛》，以“今日诗意何处寻？”为题，刊《人民日报》2011 年 1 月 6 日“副刊”。报社专门为这组文章加了“编者按”：“诗和诗意，是一个美好时代的指针。一个生机盎然、和谐美好的时代，需要自己的诗人，需要涵养诗意。/网络写作便捷了，出版渠道丰富了，诗歌写作和发表的门槛降低了，诗人的潜在队伍似乎在扩大。与此同时，在大众文化盛行，物欲上扬的今天，曾经追求理想与浪漫、极致与美好的诗歌似乎淡出视野。为何诗作多了，而有影响力的诗人和作品却少了？能否期待诗歌创作高潮的再次到来？/诗人和学者在此进行真诚深入的探讨，表述思考。”

三篇文章的作者，谢冕是诗评家，骆英是诗人，我不一样，只是一名普通的“文学教授”。因此，我的关注点在教育——现代中国大学注重的多是专业教育，且强调“与市场接轨”，我担心其日渐沦为“职业培训学校”。而这，有违人类精神摇篮的美誉与期待。“或许，除必要的课程外，我们可以借助驻校诗人制度、诗歌写作坊、诗社以及诗歌节等，让大学校园里洋溢着诗歌的芬芳，借此养成一代人的精神与趣味。因为，让大学生喜欢诗歌，比传授具体的‘诗艺’或选拔优秀诗人，更为切要。”[①]

北大诗歌研究院的工作计划是，与北大中文系合作，在大学校园里积极“播种”诗歌——包括继续出版现代诗研究集刊《新诗评论》（已刊14辑），编印提倡“风雅性情，道德文章”、着力于古典诗文研习的《北社》（已刊16期），以及支持每年一度的“未名诗歌节”等。此外，设立“驻校诗人”制度，以及受中坤诗歌发展基金委托，负责评审并颁发“中坤国际诗歌奖”。这两年一度的国际性诗歌奖，倡导理想主义、批判精神以及艺术探索，兼及本土性与国际性，希望借此促成当代中国诗歌的繁荣昌盛。第三届“中坤国际诗歌奖”授予中国诗人牛汉（1922—）及日本诗人谷川俊太郎（1931—），而我在2011年12月6日的颁奖仪式上，做题为《未名湖的梦想》的“开场白”：“表彰那些毕生从事诗歌创作（或研究）并取得骄人业绩的诗人，同时，将他们的精神

① 参见陈平原《诗歌乃大学之精魂》，《人民日报》2011年1月6日。

产品推展开去，让社会各界了解与接纳，这是我们的责任。希望通过不懈努力，十年二十年后，未名湖不仅成为学者的摇篮、诗歌的海洋，还能成为全中国乃至全世界诗人向往的精神家园。”①

第四届亚洲诗歌节2012年6月16—20日在土耳其的伊斯坦布尔举办，北京大学中国诗歌研究院乃主办者之一，我不是诗人或诗评家，谈的依旧是“大学”与“诗歌”之关系：

> 让未名湖成为全中国乃至全世界诗人向往的精神家园，这当然只是我们的梦想——可这梦想属于每个热爱诗歌的北大人。明年春天，随着北京大学中国诗歌研究院小楼“采薇阁”的正式落成，未名湖畔将有更多诗人雅聚的身影，以及“风声雨声读‘诗’声”。我相信，绵绵春雨中，“随风潜入夜”的，不仅是青春的笑语，更有那大学校园里永远不

① 陈平原:《未名湖的梦想》,《文汇报》2011年12月30日。

灭的诗歌的精魂。[①]

二十世纪八十年代，燕园里流传一个笑话：在北大，你随便扔一个馒头，都能砸死一个诗人。一般解读为：这是在嘲笑北大诗人太多，北大食堂的馒头太硬。在我看来，还有第三种可能性：诗人们喜欢在绿草如茵的校园里闲逛，而不愿意待在实验室或图书馆里，这才可能轻易被砸中。

引两段北大中文系学生的文字，看诗歌对于大学生活的意义及局限。1987 级学生李方称："我总以为，人在二十岁的时候，都是诗人；而到了三十岁的时候，若还有心弄这些分行的东西，才可称为真正的诗人。可惜的是，现在我们三十岁还不到，已没有一个再写那劳什子了，可见原来都是瞎闹。"[②]1985 级学生郁文也反省："我曾站在疯狂的边缘，青春期的骚动不安加上诗歌差点使

---

① 陈平原:《作为大学精魂的诗歌》,《文艺报》2012 年 6 月 25 日。

② 李方:《文人之初》，橡子、谷行主编《北大往事》295 页。

我毁灭。诗歌不应该有这么重要的地位，它只是生活的‘余事’。现在诗歌于我是一种信仰，靠得很近，但已不是时时意识到它的存在。”① 是的，大学校园里，写诗、读诗、评诗，以及各种轰轰烈烈的诗歌活动，都只是生活的“余事”，并非“全部意义”所在。

可在我看来，世界上最虚幻、最先锋、最不切实际、最难以商业化，但又最能体现年轻人的梦想的，就是诗歌。十八岁远行，你我心里都揣着诗；三十岁以后，或许梦想破灭，或者激情消退，不再摆弄分行的字句了。可那些青春的记忆，永远值得珍惜，值得追怀。眼下中国各大学都讲专业化，且为争取更高的就业率，纷纷开设各种紧贴市场的实用性课程，我则反其道而行之，告诉大家，大学就应该有诗，有歌，有激情，有梦想。这种事，中文系不做，太对不起学生了。

我当然明白，绝大多数北大学生走出校门后，不再

---

① 郁文:《诗歌与骚动》，橡子、谷行主编《北大往事》(二)211 页。

写诗，不再读诗，也不再做梦了。之所以如此坚持，强调“诗歌乃大学之精魂”，有三件事对我触动很大：

最近许多年，在北京大学全校毕业典礼上，有两个节目一直没换，且深受毕业生欢迎，一是朗诵中文系教授谢冕的散文《永远的校园》，一是合唱中文系已故教授、著名诗人林庚作词的《新秋之歌》。每当这个时候，我都深感骄傲——这就是我们的校园，这就是我们中文系对这个校园的贡献。

2009 年 12 月 12 日，毕业于北京大学的一群音乐人聚集深圳音乐厅，举办了一场名为《未名湖是个海洋》的“北大校园歌手音乐会”。那是一场商业演出，我在场观察，演员与观众都极为投入。尤其轮到北大校园歌手许秋汉创作的《未名湖是个海洋》，全场起立，跟着歌手齐唱——

> 未名湖是个海洋，
> 诗人都藏在水底，
> 灵魂们都是一条鱼，

也会从水面跃起。

……

如此青春想象，属于北大这样“永远的校园”。像我这般年纪，轻易是不会落泪的，可那一瞬间，也都控制不住。这首歌的创作，明显受谢冕那篇收入《精神的魅力》中的散文《永远的校园》的影响，包括起首那句“这真是一块圣地”。许秋汉在自述中提及这一点，只不过记忆略有偏差，把文章题目搞混了[①]。

参加第四届亚洲诗歌节期间，有一场活动让我格

① 参见许秋汉《未名湖是个海洋Ⅲ》，钱理群主编《寻找北大》220—229页。许文称：“反正在我大学一年级时，看到了一本纪念北大的散文集——《精神的魅力》，其中有篇文章标题叫作‘未名湖是个海洋’，于是把它写在了这首我自己都唱不好的歌里。‘这真是一块圣地”，这首歌的第一句，也是这本《精神的魅力》引言的起始句。”（226—227页）这首在北大流传甚广的歌，标题得益于张首映的《未名湖是海洋》（见北京大学校刊编辑部编《精神的魅力》313—316页，北京大学出版社，1988），立意及旨趣则更接近谢冕的《永远的校园》（见《精神的魅力》139—143页）。

外震撼。开幕式上，土耳其诗人的两段话，我是半信半疑的：“土耳其现在有200多家刊物发表诗歌，有40多个诗歌奖”；“这里几乎人人都写诗，虽然发表诗歌根本赚不来稿费，但是可以说诗歌仍然是生活的重要组成部分。”[①] 可2012年6月19日的活动，让我深感惭愧。晚上九点半，中国代表团应邀在Kibele酒店用晚餐。事先没说清楚，以为只是普通的宴请。到了布置得十分华丽的现场才知道，主人是十几位企业家。这些并不写诗的企业家，拿着两种不同译本的诗集，要求用土耳其语与汉语轮流朗读。那天因交通堵塞以及两重翻译等问题，中国诗人大都显得很疲惫，十一点多就要求结束宴会，这让一直兴致很高的主人很错愕。这场“业余”的诗歌朗诵会，远比诗人间的切磋诗艺更让我感动。单凭这一点，中国大学里的“文学教育”就该好好反省——你能想象在中国，企业家们愿意且能够以“读诗”来宴客吗？不

① 参见涂志刚《共庆土耳其诗人希克梅特诞辰110周年 第四届亚洲诗歌节揭幕》,《新京报》2012年6月18日。

用说，中西各国各有其写诗、读诗、诵诗的传统；而在古代中国，吟诗、吟词、吟诵古文，也都各有自己的一套[①]。1930年代朱光潜、朱自清等人曾移植英伦经验，在北京组织“读诗会”，从事种种“声音试验”，努力完善“新诗理论”，其间的功过与是非，更是深受文学史家的关注[②]。可今天，仍能继承这一光荣传统的中国大学，并不多见。

在我看来，无论任何时代，诗歌都应该是大学的精灵与魂魄，不能想象一所大学里没有诗与歌——那将是何等的枯燥乏味！幸好，北大是一所有诗有歌的大学，而且新诗、旧诗并重，研究、创作同步，再加上蔚为奇观的诗歌节，此乃燕园的魅力所在。

在我看来，谈论当下亚洲各国大学的高下，在大楼、大师、经费、奖项之外，还得添上“诗歌”。对于具体

---

① 参见叶扬《诗为何要吟》，《文景》2012年7期。

② 参见梅家玲《有声的文学史——“声音”与中国文学的现代性追求》，《汉学研究》第29卷2期189—221页，2011年6月。

的大学来说，愿意高扬诗歌的旗帜、能够努力促成诗歌在大学校园里的“生长”，则自有高格，自成气象。

2012年8月7日初稿，

8月30日改定于香港中文大学客舍

（初刊《学术月刊》2012年第11期）

“文学史”的故事

一、鲁迅的遗愿

在同样的经济条件下，别人能编文学史，鲁迅不能；因其期待太高了，故投入的时间和精力必然远比别人多。

除了是著名的文学家、思想家，鲁迅同时也是卓越的文学史家，其撰写的《中国小说史略》《汉文学史纲要》以及《〈中国新文学大系〉小说二集序》，至今仍被中国学界奉为圭臬。可鲁迅晚年再三表示想编一部《中国文学史》，并为此做了许多准备，却最终没有成功，为什么？在我看来，此中大有深意。

20世纪30年代鲁迅在给李小峰、曹靖华、曹聚仁、增田涉等人信中，先后谈及为何没能从事文史著述，其理由可归纳为生活无法安静、缺乏参考书籍、工程过于浩大以及“没有心思”等四种[①]。前三者属于外在条件，第四种涉及鲁迅对学术的真正估价，需要分别对待。这里先述“不能”，再解“不为”。

中国古代有“究文体之源流而评其工拙者”（如《文心雕龙》），也有“第作者之甲乙而溯厥师承者”（如《诗品》）；可就是没有“统括全部历史的文学史的研究”，故郑振铎称“简直没有上过研究的正轨过”[②]。郑氏的说法不准确，却道出所谓“文学史研究”乃近代西潮冲击的产物这一事实。一直到今天，绝大部分《中国文学史》，都是应某种教学需要而撰写的。

鲁迅因在北大等校兼课需要课本而撰写《中国小说史略》，因在厦门大学任教“须编讲义”而完成《汉文学史纲要》；上海十年，鲁迅没有重返讲台的设想，还

① 参阅《鲁迅全集》第十二卷 44 页、130 页、184 页，第十三卷 582 页，北京：人民文学出版社，1981 年。

② 郑振铎:《研究中国文学的新途径》,《中国文学研究》第 4 页。

有必要苦苦追求文学史的编纂吗？大学教授编文学史是一种本职工作，是完成教学任务并获取劳动报酬的一个组成部分，不指望靠出版教材谋生。作为自由撰稿人的鲁迅则不能不考虑从事文学史研究的投入与产出——这无疑是一项无法迅速获得稿费或版税的“长线工程”。并非真的有钱且有闲的鲁迅，其实不应该选择此类课题。在厦大任教时，鲁迅每周六小时课，其余时间尽可阅读、研究，编四五千字的文学史讲义不成问题[①]。而在上海则没这么空闲，政治和经济的双重压迫，不允许鲁迅安静地研究；这还不包括缺乏参考书籍等不利条件。因此，“久想作文学史”的鲁迅，本来应该心里明白，就其“所处的境遇”，从事学术研究不大可能[②]。不是说撰写文学史非生活较优裕的大学教授莫属，也有不少文学史出自书局编辑或自由撰稿人之手。可那种常见的连编带抄的

① 参阅《鲁迅全集》第十一卷117页、123页、136页。

② 参阅《致李小峰》《致胡今虚》，《鲁迅全集》第十二卷44页、207页。

著述方法[①]，又岂是鲁迅所能接受的！“清儒家法”使得鲁迅要不不做，要做就“先从作长编入手”；而“即此长编，已成难事”[②]，更何况是“通古今之变成一家之言”的文学史著述。

在同样的经济条件下，别人能编文学史，鲁迅不能；因其期待太高了，故投入的时间和精力必然远比别人多。“编成一本较好的文学史”，“说出一点别人没有见到的话来”，这些鲁迅都能做到[③]；问题是做到这些并非举手之劳，必须以牺牲其他工作为代价。这就必须追问那“久想作”的“文学史”，在鲁迅心目中到底有多重要。

虽然有几年执教大学的经历，可鲁迅一直处于学界的边缘。支持学生运动，鼓励“好事之徒”，颠覆现有的体制及权威，再加上对处于中心地位的“名人学者”热讽冷嘲，鲁迅注定很难与“学界主流”取得共识或携

① 如谭正璧《中国文学进化史》（上海：光明书局，1929）一书，作者在《序》中称：“既称为编，就不妨采用现成的好材料。”

② 《致曹聚仁》，《鲁迅全集》第十二卷 184 页。

③ 参阅《两地书》，《鲁迅全集》第十一卷 117 页、184 页。

手合作。这一点鲁迅丝毫也不后悔，甚至可以说有意追求这一“反主流”的效果。《摩罗诗力说》中歌颂“立意在反抗，指归在动作，而为世所不甚愉悦者”，这一“精神界之战士”的追求贯穿鲁迅的一生[①]。学术上也不例外，鲁迅表彰“异端”，也自居“异端”，立意仍然在“反抗”。“异端”相对于“正宗”而存在，有其价值也有其局限。写杂感不妨偏激尖刻，攻其一点不及其余；做学术研究则须力求平正通达，顾及全人全文。这不只是两个不同的课题，更体现两种不同的思路和趣味。鲁迅早年在学术著作（如《中国小说史略》）中，曾力图滤去其不必要的“杂文笔法”；而晚年更喜欢“战斗的文章”的鲁迅，实在很难“冷静”地、“心平气和”地从事学术研究——单是从其以是否“反叛”为千古文人归队划线，便可明白其思路近杂感而远学术，重现实而轻历史。这种心态，其实不大适合从事文学史著述。

写杂文与做研究，一需“热血沸腾”，一要“心平

①《摩罗诗力说》，《鲁迅全集》第一卷66页、100页。

气和”，两者很难同时兼顾。1926年底，鲁迅曾因此“徘徊不决”：“作文要热情，教书要冷静”，兼做两样可能“两面不讨好”。这里的“教书”，包括从事文学史著述。既长“作文”又能“研究”的鲁迅，最后定下“此后的方针”：“或者还不如做些有益的文章，至于研究，则于余暇时做”[①]。

此后十年，鲁迅大致执行此方针，写下大量于国于民“有益的文章”。只是“余暇时做”的文学史著述，不免因此被冷落——不仅因无法投入大量时间和精力，更因杂感的思路本就不适于学术研究。在鱼与熊掌无法兼得的情况下，鲁迅选择了杂文；只是对放弃自认擅长的文学史著述于心不甘，故不时提及。作为一个如此成功的杂文家，很难设想其能同时“冷静”地穿梭于古书堆中。君子求仁得仁，后人无权妄加评说；只是少了一部很有特色的《中国文学史》，总是一件令人遗憾的事。

---

①《两地书》，《鲁迅全集》第十一卷184页。

二、文学史之建立

此前讲授“词章”，着眼于技能训练，故以吟诵、品味、模拟、创作为中心；如今改为“文学史”，主要是一种知识传授，并不要求配合写作练习。

古代中国并无“文学史”，此等新生事物，乃伴随着新式学堂的兴起而逐渐成形。晚清兴办西式学堂的直接目标，原本是通过传授西学与西艺，培养治国安邦的“有用之才”。在晚清人眼中，西艺局限于声光化电，西学也不包括文学艺术[①]。机器不如人，制度不如人，教育不如人，难道连原先自诩“天下第一”的“道德文章”也都不如人？时人对连“文学”都必须“进口”，感到不可思议。可是，借助于“大学堂章程”的不断修订，

① 张之洞《劝学篇·设学》称：“学校、地理、度支、赋税、武备、律例、劝工、通商，西政也；算、绘、矿、医、声、光、化、电，西艺也。”见《劝学篇》41页，上海：上海书店，2002年。

“文学教育”的重要性日渐得到承认；另外，新式学堂里的“文学”，与传统书院的“辞章之学”，也日渐拉开了距离。即便暂时无法开设正规的“西洋文学”课程，单是“中国文学”的科目设置及“研究法”，也让中国读书人耳目一新。

1902年的《京师大学堂章程》，谈及“词章”课程时，只有“中国词章流别”六字；同样的话题，在1903年的《大学堂章程》中，则洋洋洒洒两千言，除总论性质的“中国文学研究法略解”外，各门课程均有具体的提示。《大学堂章程》在“文学科大学”里专设“中国文学门”，主要课程包括“文学研究法”、“《说文》学”、“音韵学”、“历代文章流别”、“古人论文要言”、“周秦至今文章名家”、“四库集部提要”、“西国文学史”等十六种。其中最值得注意的是，要求讲授“西国文学史”，以及提醒教员“历代文章源流”一课的讲授，应以日本的《中国文学史》为摹本。此前讲授“词章”，着眼于技能训练，故以吟诵、品味、模拟、创作为中心；如今改为“文学史”，主要是一种知识传授，并不要求配合写作练习。排斥作诗，将文学教育界定为“文章流别”之分疏或“文学史”的讲授，此举更接近日本及欧美汉学家的研究思路。

新式学堂的文学教育，不再以《唐诗别裁集》或《古文辞类纂》为意，那么，学生该如何在茫茫书海里获取所需知识？总不能再要求他们在《四库》《七略》中自己求索。时人比较中西教育之异同，对外国学堂皆编有“由浅入深、条理秩然”的教本大为欣赏，以为可省去学生许多暗中摸索的工夫[1]。可是，一到具体落实，依旧阻力重重——尤其是大学文科教材的编纂。

1902年，张百熙执掌大学堂，重提教科书的编纂。西政、西艺，以翻译为主，只需删去“与中国风气不同及牵涉宗教之处”；反而是有关“中学”的教习，找不到适用的教材。之所以急于将浩如烟海的“百家之书”，“编为简要课本，按时计日，分授诸生”，目的是：“欲令

①《总理衙门奏拟京师大学堂章程》第一章“总纲”，北京大学校史研究室编《北京大学史料》第一卷81页，北京：北京大学出版社，1993年。

教者少有依据，学者稍傍津涯，则必须有此循序渐进由浅入深之等级。故学堂又以编辑课本为第一要事。”[①] 依此思路，京师大学堂除采用编书局所译之教本外，也要求各科教习自编讲义。国人编纂的大学堂讲义，历经岁月沧桑，现在存留下来的数量不多，只有张鹤龄编《伦理学讲义》、王舟瑶编《经学科讲义》与《中国通史讲义》、屠寄编《史学科讲义》、邹代钧编《中国地理讲义》，以及陈黻宸编《中国史讲义》等寥寥数种[②]。最后一种之所以“残缺不全”，据说是因“提倡民权”而遭到焚毁[③]。

京师大学堂的讲义，不只使用于校内，还可能传播

① 张百熙:《奏筹办京师大学堂情形疏》，北京大学校史研究室编《北京大学史料》第一卷 54 页。

② 参见庄吉发《京师大学堂》(台湾大学文学院，1970) 第三章第二节“教材与教法”。另外，郝平《北京大学创办史实考源》(北京：北京大学出版社，1998) 第九章对此也有所陈述，可参阅。

③ 此说见陈谧编《陈黻宸年谱》“1904 年”则所录李士桢《挽诗》,《陈黻宸集》第 1192 页，北京：中华书局，1995 年。

到全国各地。如国文科教员林传甲的《中国文学史》，1904年的原刊本难得一见，而1910年武林谋新室的翻印本则流传甚广。深入解剖林著，对我们理解京师大学堂的教科书建设，以及新学制下的文学教育，将是不可多得的范例。

作为第一部借鉴和运用西方文学史著述体例撰写的《中国文学史》，林传甲此书历来备受关注①。既是“开山之作”，缺陷在所难免，论者往往宽厚待之，甚至努力发掘其实际上并不存在的“自创体例”与“独出机杼”。《大学堂章程》的提醒，以及林氏的自述，使得世人较多关注此书与其时已有中译本的《历朝文学史》（笹川种郎作）的关系。这自然没错，只是林著对于笹川“文学

① 比如，郑振铎《插图本中国文学史》、容肇祖《中国文学史大纲》等都将此书作为最早由中国人撰写的文学史来表彰；夏晓虹《作为教科书的文学史——读林传甲〈中国文学史〉》（《文学史》第二辑，北京：北京大学出版社，1995年10月）和戴燕《文学·文学史·中国文学史——论本世纪初“中国文学史”学的发轫》（《文学遗产》1996年6期），更对此书有专门的评述。

史”的借鉴，尤其是将其改造成为“一部中国古代散文史”[①]，并非一时心血来潮，而是大有来头。对照《大学堂章程》，不难发现，林著十六篇的章目与“研究文学之要义”前十六款完全吻合。作者最初计划亦步亦趋，让“章程”的四十一款款款得到落实。可在实际写作过程中，因担心体例过于紊乱，放弃了后二十五款。对此写作策略，林著《中国文学史》的开篇部分有相当明晰的交代[②]。其实，在已知的京师大学堂讲义中，林著堪称遵守章程的模范。王舟瑶、屠寄、陈黻宸、邹代钧等人讲义的章节安排，均与《大学堂章程》有很大出入。或许，这正好说明了其时“文学史”研究“妾身未明”的尴尬位置——既不像“经学”那样标准自定不待外求，也不像“地理学”那样基本取法域外著述，于是，只好照搬现成的大学堂章程。

---

① 参见黄霖《近代文学批评史》第783—785页，上海：上海古籍出版社，1993年。

② 林传甲:《中国文学史》第1页，武林谋新室，1910年。

同是大学讲义，不见得非囿于“章程”不可。继林传甲而讲学上庠的，不乏艺高胆大的文人学者，其撰述也远比林著优秀。更重要的是，大学堂里的文派之争，直接影响了整个时代的文学潮流，甚至与五四新文化运动的兴起不无关系。这里说的是林纾、姚永朴为代表的桐城派，如何被刘师培、黄侃为代表的文选派取而代之。对比林纾的《春觉斋论文》、姚永朴的《文学研究法》与刘师培的《中国中古文学史》、黄侃的《文心雕龙札记》，不难发现前两者独尊唐宋，体会深入；后两者推崇六朝，学养丰厚。这四种讲义各有千秋，为何后者一路凯歌，而前者则兵败如山倒？除了时局的变迁、人事的集合，更有两点值得注意：一是六朝的文章趣味与其时刚传入的西方文学观念比较容易会通；一是朴学家的思路与作为大学课程兼著述体例的“文学史”比较容易契合。因而，此后几十年的“中国文学史学”，走的基本上是刘、黄而不是林、姚的路子。

在民初的北京大学，“桐城”、“选学”势同水火，争斗的结果，提倡六朝文的选学派大获全胜。可迅速崛起的“新文化”，将清代延续下来的文派之争一笔抹杀，另辟论战的话题。刚刚获胜的刘、黄之学，一转又成了新文化人攻击的目标。最直接的证据，莫过于“桐城谬种，选学妖孽”口号的提出[①]。

“桐城”基本退出历史舞台，“选学”历经转化而有所存留，1917 年以后的北京大学，新文化人占据了绝对优势。按照当年北大校方的规定，每门正式课程都必须为学生提供即便是十分简要的讲义。教员多是一边编写讲义，一边进行教学；讲义修改后正式出版，往往便成了学术史上的重要著作。如周作人的《欧洲文学史》、鲁迅的《中国小说史略》、吴梅的《词余讲义》(后改名《曲学通论》)，均属于相关领域的开山之作，实在功不可没；至于胡适的《五十年来中国之文学》，一改中国人的崇古倾向，将“当代文学”纳入考察的视野，这本出版于 1922 年的小书，并非讲义，但也与其在北大的工

① 钱玄同本人对这一“发明”十分得意，在致陈独秀、胡适函中再三陈述（参见《新青年》2 卷 6 号、3 卷 5 号、3 卷 6 号的“通信”栏）。

作息息相关。此举起码让我们明白，文学史的教学与研究，不同于一般的批评实践，作为一种知识体系，需要新学制的支持，也需要一代代学人的不懈努力。

三、整理国故与文学教育

在“文学革命”退潮、“整理国故”迅速崛起后，“文学史”作为一种不证自明的知识体系，成为全国各大学中文系最为重要的必修课。

作为知识生产的重要一环，古今中外的“文学教育”，相差何止十万八千里。这里有思想潮流的激荡，有教育理念的牵制，有文化传统的支持，此外，还有学校规模、经费、师资等实实在在的约束。需要追问的是，文学教育依托“文学史”、“文学理论”、“文学批评”以及诸多相关学科，为何历经百年演变，“文学史”会如此独领风骚？

借助1917年北京大学中国文学门的“课程表”以

及1918年的《北京大学文科一览》，我们不难发现新文化运动中北大课堂的四大变化——“文学史”成了中文系的重头课；中文系学生不能绕开“欧洲文学”；“近世文学”开始受到重视；此前不登大雅之堂的“戏曲”与“小说”成了大学生的必修课[①]。虽说从此北大课堂气象一新，但当年国文门师生中，面对“新潮”与“国故”，大都选择的是后一种立场。只不过随着时势迁移，前者的声音越来越大，加上傅斯年、杨振声、俞平伯等人不断追忆，方才造成如此“东风压倒西风”的印象。

二十世纪二十年代的北大国文系，文白之争逐渐消歇，外国文学史不被看好，新文学课程艰难起步，而制约着这一切的，是师生们对于“学问”的想象。后世史家谈及新文化运动后的北大国文系，有讥讽其“学行浅薄”

① 参见陈平原《新教育与新文学——从京师大学堂到北京大学》，《学人》第十四辑，南京：江苏文艺出版社，1998年12月；此文后改订为《作为学科的文学史》（北京大学出版社，2011年）第一章。

的，也有感叹“文学的失语”的[1]。二者都有道理，但又都不无偏颇；叠加起来，恰好凸显国文系的尴尬——我们亟须的，到底是“学问”还是“文章”？而所有这些，都牵涉到“文学革命”与“整理国故”之间的巨大缝隙。对于前者来说，后者在研究上是深入，在趣味上则是逆转。

就在文学革命摧枯拉朽的1919年，胡适连续写了《新思潮的意义》《论国故学——答毛子水》《清代学者的治学方法》等三篇很能体现其“历史癖”的文章，正式亮出“整理国故”的旗帜。原本以“输入学理”著称的胡适之先生，一转而“整理国故”去了，让刚被唤醒而从古书堆中冲杀出来的青年学子茫然若失。单就个人著述而言，从《中国哲学史大纲》到《〈水浒传〉考证》，不算多么突兀的转折；可从文化思潮着眼，从《新青年》到《国学季刊》，确实是斗转星移。社会上对此颇多争

① 参见桑兵《近代中国学术的地缘与流派》，《晚清民国的国学研究》28—64页，上海：上海古籍出版社，2001年；罗志田《文学的失语：整理国故与文学研究的考据化》，《裂变中的传承——20世纪前期的中国文化与学术》255—321页，北京：中华书局，2003年。

议，学界则默默前行，某种意义上，此乃大势所趋。问题在于，研究文学毕竟不同于治经治史，考据并不能解决所有问题。胡适成功地把小说研究提高到“与传统的经学、史学平起平坐”的地位[①]，但其过分迷信“科学”，将“拿证据来”作为学术研究的金科玉律，必定对“文学趣味”造成巨大的压抑[②]。

当年北大国文门学生傅斯年，起而呼应胡适的思路，而且说得斩钉截铁：“国故的研究是学术上的事，不是文学上的事。”[③] 但“文学的研究”呢，难道这不算“学问”？或者说讨论《诗经》《楚辞》《红楼梦》，可以完全与“文学”无涉？没人这么明说，只是兴趣所在，

① 参见唐德刚译《胡适口述自传》258页，北京：华文出版社，1992年。

② 参见陈平原《假设与求证——胡适的文学史研究》，《学人》第五辑，南京：江苏文艺出版社，1994年2月；此文后改订为《中国现代学术之建立》（北京大学出版社，1998年）第五章“作为新范式的文学史研究”。

③ 傅斯年：《毛子水〈国故和科学的精神〉附识》，《新潮》1卷5号，1919年5月。

评价标准发生了位移。眼看学界大有以“考据”统摄“义理”、“词章”之势，讲哲学或讲文学的，热衷的是考辨年代、版本、事迹，而较少涉及思想内涵或文学价值。不时有人提出抗议，但声音太小，很快被淹没。到了1940年代初，沈从文撰《文运的重建》、程千帆作《论今日大学中文系教学之蔽》，依旧激不起多少涟漪。沈之批评五四文学革命的发源地北京大学，“到民十六以后，就只好放弃了北大之所以为北大的进取精神，把师生精力向音韵训诂小学考据方面去发展”；“这结果在学术上当然占了一个位置，即‘老古董’位置”[①]。如此讥讽固然痛切，可学者们根本不在意，认定这只是小说家的狂言。程之批评“持考据之方法以治词章”，称大学中文系所教授的，“无非作者之生平、作品之真伪、字句之校笺、时代之背景诸点”，也都属实，可作者态度很温和，所要论证的是：“考据对于欣赏，不仅是无

① 沈从文：《文运的重建》，初刊1940年5月4日昆明《中央日报》，见《沈从文全集》第十二卷81—82页，太原：北岳文艺出版社，2002年。

害，而且是必须的。可是，它的功用也有个限度。我们不能永远停滞在考据的过程上。”[①] 况且，程千帆所积极鉴赏的，其实是“古代诗歌”，而非“新文学”，这点与沈从文思路迥异。

当然不该将此等过失统统推到胡适身上，只要“整理国故”成为潮流，就会出现这种倾向。套用胡适的话，“文学革命”需要的是“大胆假设”，至于“整理国故”，一旦展开，必定逐渐走向“小心求证”。前者注重“才气”，后者强调“功力”。提倡“拿证据来”的科学方法，虽然只是胡适个人的表述，但二十世纪二十年代的中国学界，对考据的推崇乃至迷信，直接导致了知识类型的转化，那就是诗学的衰落与史学的兴起。毫无疑问，任何学问都需要“高远的想象力”，但“整理国故”作为一种思潮，对新史学的崛起，是个很好的契机；而对于正在转型中的“文学教育”，则造成不小的

---

① 参见程会昌（千帆）《论今日大学中文系教学之蔽》，《斯文》3卷3期，1943年2月；《关于〈论今日大学中文系教学之蔽〉》，《国文月刊》68期，1948年6月。

冲击。

明显得益于“新文化”光环的北大国文系，在“文学革命”退潮、“整理国故”迅速崛起后，借助课程的调整、教员的招聘、讲义的完善，以及课堂的改良等，逐步实现了“文学教育”的转型，其中最为关键的一环，便是不断扩大“文学史”的地盘[①]。此后几十年，“文学史”作为一种不证自明的知识体系，成为全国各大学中文系最为重要的必修课。

四、“文学史”成为一种神话

有关“文学史”的课程及著述，只是我们进行文学教育的拐杖，并借以逐步进入文学殿堂。如今，教材俨然学问，丫鬟变成了小姐，真是有点伺候不起了。

① 参见陈平原《知识、技能与情怀——新文化运动时期北大国文系的文学教育》，《北京大学学报》2009 年第 6 期及 2010 年第 1 期。

从“诗文评”、“文苑传”转为“文学史”的写作与教学，乃晚清以降中国人的自觉选择。“文学史”在二十世纪中国学界的风行，主要得益于“科学”精神、“进化”观念以及“系统”方法的引进，其中得失，尚未得到认真的分疏。像章太炎那样，批评新式教育过求速悟，以课堂讲授为中心，使得学生“专重耳学，遗弃眼学”，因而所得“不能出于讲义”[①]；或者如刘永济讥讽“今代学制，仿自泰西；文学一科，辄立专史”，所谓“文学史”，不外杂撮陈篇、稗贩异国，正轮扁所谓古人的糟粕[②]，虽十分“解恨”，却无法从根本上撼动已成规模的“文学史”大厦。今日中国，只要你执教大学并从事文学教育，便不可避免地投入“文学史”的编撰与讲授。

最近十几年，随着若干从学术史或知识考掘角度谈

① 参见章太炎《救学弊论》，《章太炎全集》第五卷98页，上海：上海人民出版社，1985年。

② 参见刘永济《十四朝文学要略》1—2页，哈尔滨：黑龙江人民出版社，1984年。

论百年中国“文学史书写”的著述陆续问世[1]，学界对于“文学史”作为一门学科、一个知识体系、一种著述形式的利弊得失，方才有较多的深入反省。可惜的是，这种思考，目前仍停留在“坐而论道”层面，还没有真正影响到现有的大学课堂。

文学教育的重心，由技能训练的“词章之学”，转为知识积累的“文学史”，并不取决于个别文人学者的审美趣味，而是整个中国现代化进程的有机组成部分。

---

① 参见陈平原《小说史：理论与实践》（北京大学出版社，1993）、郭英德等《中国古典文学研究史》（北京：中华书局，1995）、王瑶主编《中国文学研究现代化进程》（北京：北京大学出版社，1996）、赵敏俐等《二十世纪中国古典文学研究史》（西安：陕西人民教育出版社，1997）、陈国球等编《书写文学的过去：文学史的思考》（台北：麦田出版，1997）、陈平原《文学史的形成与建构》（南宁：广西教育出版社，1999）、龚鹏程主编《五十年来的中国文学研究》（台北：学生书局，2001）、戴燕《文学史的权力》（北京：北京大学出版社，2002）、陈平原主编《中国文学研究现代化进程二编》（北京：北京大学出版社，2002）、陈国球《文学史书写形态与文化政治》（北京：北京大学出版社，2004）、董乃斌《近世名家与古典文学研究》（上海：上海大学出版社，2005）等。

"文学史"作为一种知识体系，在表达民族意识、凝聚民族精神，以及吸取异文化、融入"世界文学"进程方面，曾发挥巨大作用。至于本国文学精华的表彰以及文学技法的承传，反而不是其最重要的功能。大学中文系在教学实践中独尊文学史的流弊，不妨借用以下这段描述："经过好几代学者的长期积累，关于中国文学史的想象与叙述，已形成一个庞大的家族。要把相关知识有条不紊地传授给学生，不是一件容易的事情。倘若严格按照教育部颁布的教学大纲讲课，以现在的学时安排，教师只能蜻蜓点水，学生也只好以阅读教材为主。"①

不想讨论百年来中国文学史的撰述为何倾向于宏大叙事，也不想挖掘大一统论述背后隐含的话语霸权，更不想质疑"历史"的真实性或"文学"的存在价值，作为一名大学教师，我只想提出几个最最基本的问题：大学中文系培养学生的目标是什么？怎样才算合格的文学教育？近百年来中国人之以"文学史"（准确地说，是文

① 陈平原：《"文学"如何"教育"》，《文汇报》2002年2月23日。

学通史）作为大学中文系的核心课程，这一选择，是否有重新调整的必要？

我并不完全否定“文学史”的存在价值，质疑的是世人对于“文学史”的迷信，另外就是追问现代中国的文学教育，是否一定要以“文学史”课程为中心。对于具体的学者来说，撰写一部进入大学课堂的“文学史”，确实是名利双收的大好事[①]。可要说这就是学问的至境，我不太相信。我甚至怀疑，中国学界（以及出版界）之倾心于编撰各种各样的“文学史”，除了学问上的追求，还有利益的驱动，以及莫名其妙的虚荣心。过去之“统编教材”，容易造成思想专制以及知识垄断；现在的全民大编“文学史”，则走向另一歧路——除了不必要的浪费，还可能污染学界的风气。

反省这种“文学史”迷思，并非基于民族自信心，

① 想想刘大杰《中国文学发展史》以及游国恩等主编《中国文学史》之影响深远，还有近年热销的袁行霈主编《中国文学史》、章培恒等《中国文学史》、钱理群等《中国现代文学三十年》，你就不难明白其中奥秘。

也不是套用后现代论述，而是教育史与学术史的巨大张力，促使我们直面如何进行有效的“文学教育”这一难题。老北大曾明确规定：“文科国文学门设有文学史及文学两科，其目的本截然不同，故教授方法不能不有所区别。”前者的目的是“使学者知各代文学之变迁及其派别”，后者的功用则为“使学者研寻作文之妙用，有以窥见作者之用心，俾增进其文学之技术”[①]。一年半后，国文教授会再次讨论教材及教授法之改良，到会十五人，包括钱玄同、刘半农、吴梅、马幼渔、沈兼士、朱希祖等。为便于交流磋商，此次教授会甚至决定“教员会分五种”：文学史教员会、文学教员会、文字学教员会、文法教员会、预科国文教员会[②]。一讲历史演变，一重艺术分析，在早年北大的文学教育中，二者各司其职，各得其所。“文学”与“文学史”并重，这本来是个很好

---

①《文科国文学门文学教授案》，1918年5月2日《北京大学日刊》。

②《国文教授会开会纪事》，1919年10月17日《北京大学日刊》。

的设计。可惜，二十世纪五十年代以后，随着“文学史”课程的一家独大——这一点，越是重点大学、越是名师讲授，越是如此——教书的蜻蜓点水，听讲的走马观花，文学教育出现了很大的偏差。

回过头来，我们方才理解胡适的思路——胡适称自家的小说考证，“完全是文学史的看法，不是研究文学的看法”[①]。基于这一阅读趣味，他甚至甘冒天下之大不韪，称《红楼梦》也不怎么样，“思想见地”不如《儒林外史》，“文学技术”则比不上《海上花列传》和《老残游记》[②]。你可以嘲笑胡适的艺术鉴赏力，可你不得不佩服，他有勇气说自己想说的话。明知国人无比推崇《红楼梦》，还这么说，那是需要勇气的。

更为决绝的是钱锺书，除了二十世纪六十年代初奉

① 胡适:《什么是“国语的文学”、“文学的国语”》,《胡适作品集》二十四卷《胡适演讲集》(三)240页，台北：远流出版公司，1986年。

② 胡适:《答苏雪林书》《与高阳书》,《胡适红楼梦研究论述全编》279—280页、290页，上海：上海古籍出版社，1988年。

命主持中国社科院文学所版《中国文学史》唐宋部分的编写工作，没有出版过任何通史性质的著述。选择一种自由自在的读书及著述的态度，是因作者看透了，自家所治文史之学，谈不上规划人生、影响世界；而那些冠冕堂皇、体系严密的理论大厦，迟早会坍塌，变成无人光顾的遍地瓦砾。与其如此，不如转而抚摩"文明的碎片"，从中读出宇宙的奥秘与精义。既然"往往整个理论系统剩下来的有价值东西只是一些片段思想"，又有什么理由"眼里只有长篇大论，瞧不起片言只语"[①]？不是"通史"，也未见"体系"，这种"坐而论道"的姿态，是作者的自觉选择。今日学界，对于《谈艺录》《管锥编》的意义，已经有了相当清晰的理解。

这说的是教授的心态及策略。学生呢？对于大学生来说，"文学史"也未必是最佳读物。说到底，有关"文学史"的课程及著述，只是我们进行文学教育的拐杖，

① 钱锺书:《读〈拉奥孔〉》,《七缀集》(修订本)34页，上海：上海古籍出版社，1994年第2版。

并借以逐步进入文学殿堂。如今，教材俨然学问，丫鬟变成了小姐，真是有点伺候不起了。

五、假如没有文学史

反省、质疑、重构世人所熟悉的文学史图像，目的在于呼唤那些压在重床叠屋的“学问”底下的“温情”、“诗意”、“想象力”与“批判意识”。

那么，反过来想，假如没有文学史，我们该如何思考、教学、著述？依我猜测，最直接的效果，很可能是如下几点：

第一，知识破碎，不成体统。不仅具体大学的老师、学生，整个社会的知识结构都如此。唐诗过后是宋词，李杜光芒万丈长，《金瓶梅》影响了《红楼梦》等，这是常识；周氏兄弟思想及文章的差异，古风及律诗的审美特征，这些也都明白。差别在于：世人可能关注作家风格及文章体式，但不太熟悉也不太在意所谓的“时代风貌”——比如明代文学的整体特征或二十世纪三十年代中国文坛的各个侧面。今天中文系学生的“文学史常识”（即便不含外国文学），很可能比清代的博学鸿儒都丰富。可是，扪心自问，我们真能“全史在胸”，纵论古今，从屈原一直讲到鲁迅？请记得陈寅恪在《冯友兰中国哲学史上册审查报告》的提醒：“其言论愈有条理统系，则去古人学说之真相愈远。”[①]

第二，阅读优先，经典第一。从四书五经、《史记》《文选》，一直到《唐诗三百首》《古文辞类纂》等，这是以经典及选本为中心的文学教育。这当然很不民主，“赢者通吃”，许多作家作品被遗忘了，文学的复杂性及多样性也因此无法呈现。这还不算确定经典及编辑选本时可能存在巨大的“利益”与“偏见”。以经典为中心组织阅读，可能导致后人的偏食，以及对整体历史进程的无知。重“讲授”还是重“细读”，形成了不同的知

① 陈寅恪：《冯友兰中国哲学史上册审查报告》，《金明馆丛稿二编》247页，上海：上海古籍出版社，1980年。

识结构。因印刷便利以及学术风气转移，今人说出来及写下来的，比他们的实际水平高；古人则反之。如果说过去是以阅读/理解/承传为中心，现在则以写作/表述/创新为中心。

第三，攻其一点，不及其余。因为没有清晰的文学史线索，不晓得或不屑于了解何为“整体”、怎么“演进”，哪些是必不可少的“转折”，反而获得了极大的阅读自由。不读汉赋，照样欣赏元曲；不了解《西厢记》，同样喜欢《牡丹亭》，对于非专业的读者来说，尽可全凭兴趣，选着听，跳着读。至于专业研究者，因“术业有专攻”，不能不有很多舍弃。单就文学阅读以及学术探索而言，“个人性”与“片段化”，或许更可行。过分注重“系统性”，必定导致不懂装懂，还有就是以“综述”代替“研究”。

第四，不循常规，误入“歧途”。这里所说的“歧途”，不含褒贬意味，只是脱离了原有的规范以及原定的发展方向。那样的话，有意无意地，全凭个人兴趣，不时“越界操作”。但这并非就是坏事。最典型的，莫过于《红楼梦》研究；胡适曾讥笑蔡元培校长为代表的索隐派乃“猜笨谜”，可人家乐此不疲，且代有传人。即便在专业范围内，也有很多“明修栈道，暗度陈仓”的。遵从文学史的嘱咐，步步为营地展开阅读，这就好比修好了渠道再放水，不浪费，少走弯路，但也因此缺少奇思妙想，很难有意外的惊喜。

第五，固执己见，罔顾共识。作为教材的文学史，说到底是个人趣味屈服于集体意志。这里所说的“集体意志”，包括学界共识、听众需求以及商业利益。太个性化的表述，只能局限在特定校园，无法广泛流通。假如你希望教育部推荐以及学界同人认可，那你只能妥协——包括《中国现代文学三十年》（钱理群等）、《中国当代文学史》（洪子诚）等非常成功的教材，都是如此。这一点，只要对比他们的个人著述，你就明白其中的差距。陈西滢嘲笑英国人附庸风雅，没人敢公开说自己不喜欢莎士比亚[①]；如果你编文学史教材，确实没有特立独行的权利。你敢说《红楼梦》写得不怎么样，或者说鲁迅不如胡适伟大？反过来，不编教材，你完全可以固执己见，撰写“有特色”且“充满偏见”的个人著述——只要能自圆其说就行了。

当然，这只是假设而已。今日中国学界，不可能退回到诗话、词话、文话的时代。1903 年引进的作为学科及著述体系的“文学史”，还将继续引领风骚，只是其光环在逐渐褪去，功能也在逐渐转变，学者们在腾挪趋避之中，积累了越来越多的经验与教训、体味与反省。

作为著述的“文学史”，确实有高低雅俗之分；但世上并不存在“理想的文学史”。也正因此，每一代学人都在重写文学史——这既是文学革命或文化革新的惯用手段，也和新意识形态的实践以及新一代读者的崛起有着密切的联系。因此，与其说“重写文学史”，不如提

---

① 参见陈西滢《听琴》，《凌叔华、陈西滢散文》257 页，北京：中国广播电视出版社，1992 年。

“重建文学史”，即不仅仅是具体作家作品的评价，也不只是学术思路或学术立场，还兼及阅读与训练、课程与著述、学术研究与意识形态、校园与市场等。反省、质疑、重构世人所熟悉的文学史图像，目的在于呼唤那些压在重床叠屋的“学问”底下的“温情”、“诗意”、“想象力”与“批判意识”。

2015 年 1 月 6 日修订于香港中文大学客舍

（此文英译本即将刊载 Carlos Rojas 教授等编 *Oxford Handbook for Modern Chinese Literatures*）

文学史、文学教育与文学读本[①]

十七年前，在香港科技大学召开的“中国文学史再思”国际学术研讨会上，我发表了《“文学史”作为一门学科的建立》，开篇就是：“对于今日中国的大学生来说，‘文学史’既是一门必修课，也是一种不证自明的知识体系；而对于大学教授来说，撰写一部完整的可以作为教材的‘文学史’，更是毕生的追求。具体作家作品的评价可以千变万化，但写作策略以及研究思路则岿然不动。面对如此坚挺的‘学科’，我想提一个小小的问题，‘文学史’真的有那么重要吗？破除‘迷信’的最佳方法，莫过于思考这一学科的建立，以及这一知识体系

① 此乃作者 2012 年 12 月 8 日在武汉大学主办的“现当代中国文学史书写的反思与重构”国际高端学术论坛上的主题发言，原题《以“读本”为中心的文学教育》。

的诞生。”[①] 写下这段话，有一种三分苍凉七分悲壮的感觉——那时我正与承接项目《中华文化通志·散文小说志》苦斗，又因学术史思路的展开，对“文学史”这一知识类型产生刨根问底的冲动。如此左冲右突，上下求索，真的是心力交瘁。也正是这既“努力写作”又叩问“写作理由”的过程，让我深刻体会：“作为课程设置的‘文学史’，与作为著述体例的‘文学史’，以及作为知识体系的‘文学史’、作为意识形态的‘文学史’，四者之间互相纠葛，牵一发而动全身。”[②]

记得2004年11月，在北京大学和苏州大学联合召开的“中国文学史百年研究国际研讨会”上，我除了介绍新发现的法兰西学院藏吴梅讲义《中国文学史》，还对国人过分热衷于编撰结构严密、体系完整的“文学史”表示不以为然。回答记者提问时，因表达不太周全，引起一些朋

① 陈平原:《“文学史”作为一门学科的建立》,《中华读书报》1996年7月10日。

② 陈平原:《作为学科的文学史·后记》,《作为学科的文学史》479—480页，北京：北京大学出版社，2011年。

友的误解，以为我完全否定“文学史”的存在价值。其实，我多次提及，文学教育的重心由技能训练的“词章之学”转为知识积累的“文学史”，并不取决于个别文人学者的审美趣味，而是整个中国现代化进程的有机组成部分。因此，今日中国，只要你执教大学并从事文学教育，便不可避免地投入“文学史”的编撰与讲授[①]。

十几年来，一直自我反省：为什么我就写不出一部文学史？到底是不能、不为，抑或二者兼而有之？

一、为何选择“中途退场”

“文学史”不比“专著”，不能随意腾挪趋避，重要的作家作品，懂得的你得说，不懂得的你也得说。

我所在的北京大学中文系，乃文学史写作的大本营。

① 参见陈平原《作为学科的文学史》第十章，此章以《重建“中国现代文学”——在学科建制与民间视野之间》为题，初刊《人文中国》第12辑，上海：上海古籍出版社，2006年9月。

从清末民初至今，很多有代表性的文学史著作（尤其是教材），是我的前辈或同事撰写的。不说远的，单是我读博士期间接触较多的几位老先生，王瑶先生有披荆斩棘、为本学科奠定根基的《中国新文学史稿》；林庚先生不同时期撰写了三种不同形制的《中国文学史》，且各有千秋；季镇淮先生乃四卷本通用教材《中国文学史》的主编之一，晚年“异想天开”，邀请弟子夏晓虹与其合撰一部新的文学史（当然只是说说而已）；每次访问吴组缃先生，听他讲述如何撰写中国小说史，是一件很愉快的事情——可惜因悬的过高，此书最终没有完成。至于今天仍健笔如椽的师友，在编纂文学史方面有绝佳表现的，如袁行霈主编《中国文学史》，钱理群、温儒敏等合著《中国现代文学三十年》，洪子诚独立完成《中国当代文学史》，严家炎主编《二十世纪中国文学史》——这四部文学史，恰好是目前中国高校的主流教材。长期生活在如此学术氛围中，可以想象我所承受的“撰写文学史”的压力。可为什么我就那么没出息，最终选择了“中途退场”呢？

说起来，我的起跑状态很好。博士毕业后，参加严家炎、钱理群主持的《二十世纪中国小说史》课题组，承蒙二位主编信任，让我由着自己的兴趣及性情独立撰写第一卷。1989年2月，我在《二十世纪中国小说史》第一卷的“卷后语”中提及：

> 我给自己写作中的小说史定了十六个字：“承上启下，中西合璧，注重进程，消解大家。”这路子接近鲁迅拟想中抓住主要文学现象展开论述的文学史，但更注重形式特征的演变。“消解大家”不是不考虑作家的特征和贡献，而是在文学进程中把握作家的创作，不再列专章专节论述。……鉴于目前学术界对这一段文学历史的研究尚很不充分，本卷特借助“作家小传”和“小说年表”两个附录，一经一纬展示阅读这卷小说史时不能不掌握的基本史料。①

---

① 陈平原:《二十世纪中国小说史》第一卷300页，北京：北京大学出版社，1989年。

不管别人怎么看，在我自己，此书的撰写，确实是在探索“文学史”写作体例的革新。书出版后，为了给课题组各位师长汇报，也为了在随后召开的国际学术研讨会上发言，我写了好几篇有关文学史眼光及小说史研究方法的文章，日后收入《小说史：理论与实践》（北京大学出版社，1993）一书。应该说，那段时间，我对如何撰写“文学史”是有不少思考的。

1993 年至 1996 年间，除了若干学术史论文，我的精力主要集中在《中华文化通志·散文小说志》——此书第二版日后独立刊行，改题《中国散文小说史》。在“新版后记”中，我谈及：“此书的撰写，不仅促成我学术视野、趣味及笔调的转化，更让我深刻体会到生命中必须承受的‘重’。”[①] 为什么这么说？因我原先的学术训练主要是中国现代文学，如今要“从头说起”，且兼

① 陈平原：《中国散文小说史》394—395 页，上海：上海人民出版社，2004 年。

及散文、小说两大文类，谈何容易！几次打退堂鼓，都因找不到愿意接手的人，只好勉力前行。最悲观的时候，我感叹自己可能走不出这本书。本以为对“中国散文”和“中国小说”有不少好的体会，且对文学史的理论及实践颇有心得；可具体落笔时，则处处陷阱，让你不时感觉捉襟见肘。“文学史”不比“专著”，不能随意腾挪趋避，重要的作家作品，懂得的你得说，不懂得的你也得说。每当我临急抱佛脚，补读各种需要评说的作品时，这才明白古人所说的“全史在胸”到底有多难。像我这样接受“专业教育”的现代学者，即便本学科“题中应有之义”，也都所知甚少。因此，此书完成后，我从不敢吹嘘自己如何“学贯古今”，最多只是讨论“提要钩玄”的必要性，以及介绍本书的“述学文体”。

所谓“一朝被蛇咬，十年怕井绳”，此后好长一段时间，我都婉拒各种编纂文学史的邀请。一直到 2002 年 6 月，北京大学出版社下了“最后通牒”：北大中文系现当代文学专业的光荣，很大程度是因为王瑶（第一代）、严家炎、张钟等（第二代）、钱理群、洪子诚、温儒敏

（第三代）所撰文学史教材，难道你忍心让这一传统断绝？话说到这个份上，我只好强打精神，花了将近两个月时间，构思了《二十世纪中国文学史》的写作框架，再召集北大中文系若干教师，在香山饭店仔细推敲，落实每个人的写作任务。那阵子，北大出版社领导很兴奋，以为真有可能推出精彩的“第四代”文学史教材。

讨论会上，我开宗明义：“合作项目，除在计划经济时代可组织集体攻关外，从来都无法按时完成，往往是一拖再拖，最后不了了之。我们或不做，或一鼓作气。”当时大家都表决心，说是没问题；可回去不久，就不断接到要求推迟交稿时间的电话，有人甚至流露出勉为其难的意思，似乎是看在主编面子上才接受此任务的。我吓出了一身冷汗，当即自我反省：如此合撰文学史，会不会委屈了年轻老师，乃至影响其学术前程？另外，我有没有能力既不违背自己的学术理念，又顾及课题组同人的工作热情与实际利益？还有，教材不同于个人著述，得接受有关部门的吹毛求疵，我能否委曲求全地密切配合[①]？最后，倘若希望此教材被广泛使用，就得参与出版社组织的“推广活动”，我有没有这种胆识？思虑再三，实在没把握，尤其是有《二十世纪中国小说史》的前车之鉴，我当机立断主动退却。

我独立撰写的《二十世纪中国小说史》第一卷1989年就出版了，而严家炎等先生负责的第二卷以下至今没有消息[②]。不断有人问这个问题，我的答复是：

> 现在学界通行“造大船”，很多人在一起攻关，做大项目，出大成果。以我们的经验，如果是资料性质的，只要统一体例，通力合作，就能“多快好

---

① 十多年前，我受国务院学位委员会委托，主持编撰《同等学力人员申请硕士学位中国语言文学学科综合水平全国统一考试大纲及指南》，因与审查委员意见严重相左，曾抗争了两年多，弄得双方都很不愉快。

② 等了十六年，此书续集杳无音信，北大出版社于是将第一卷改题《中国现代小说的起点——清末民初小说研究》，于2005年9月重刊。出版社允诺主编严家炎先生，何时第二卷以下刊行，则此书何时归队。

省”地达成目标。如我们六卷本的《二十世纪中国小说理论资料》，便是这样完成的。至于撰史，除非是一位长辈领着自己的一批学生，否则很难协调。学术个性越强的学者，越不合适此类“大项目”——委曲求全，有违本心；各说各话，又实在“不成体统”。北大学者大都有自己的一套，这是优点；但既要互相尊重，又不做违心之论，这可就难办了。与其互相妥协，弄成个平淡如水的“大拼盘”，还不如像我们这样，不凑合，干脆各做各的。[①]

北大中文系教授确实“大都有自己的一套”，不怎么循规蹈矩。我当初自作主张，写成了颇具特色乃至不太好衔接的小说史。同样道理，我主编《二十世纪中国文学史》，也会碰到类似的挑战。同事交来立场迥异的文稿，你改不改？不改，此书成了“百衲衣”；改，又

① 参见陈平原《史识、体例与趣味——文学史编写断想》，《南京师范大学学报》2007 年 3 期。

可能伤了同事。既然明知可能出现如此窘境，还不如及早解散，“各做各的”。

我撰写文学史的三次努力，一次比一次失败；前两次还有若干战果，可怜这第三次，还没冲锋就开始退却，只留下了一堆五彩斑斓的“计划书”。当然，必须承认，作为文学教授，我之所以不下决心，“屡败屡战”，是与自家学术史思路的逐渐展开，以及对于“文学教育”目标及方式的反省有关。

二、“文学教育”的目标及方式

“以文学史为中心”的教学模式，其结果必然是：学生们记下了一大堆关于文学流派、文学思潮以及作家风格的论述，至于具体作品，对不起，没时间翻阅，更不要说仔细品味。

十几年前，在谈及中山大学的历史及传统时，我曾激赏抗战中兼教中文系“历代骈文”课的中大数学天文系主任黄际遇[①]。而他的儿子、原中大语言学教授黄家教感叹："父亲生我们七个儿子，每个孩子学一门专业，都不及父亲的学问好。真是一代不如一代哦。"[②] 单就具体专业成就而言，不见得真的"一代不如一代"，但二十世纪三十年代以后，专业化成为主流，很难再出现黄际遇那样的奇才了。不要说横跨文理且兼及书法、围棋，单是"文史兼通"，就已经变得很不容易了。我曾将二十世纪中国的文学史家划分成四代：第一代主要活动于 1910—1940 年代，第二代主要活动于 1930—1960 年代，第三代主要活动于 1950—1980 年代，第四代指的是文化大革命后培养的学者[③]。第一代文学史家中，若章太炎、梁启超、王国

---

① 参见陈平原《不该消失的校园风景——〈走近中大〉序》，《万象》1 卷 7 期，1999 年 11 月；又见吴定宇编《走近中大》，成都：四川人民出版社，2000 年。

② 参见林伦伦《〈黄际遇先生纪念文集〉序言》，载陈景熙、林伦伦编《黄际遇先生纪念文集》，汕头：汕头大学出版社，2008 年。

③ 参见陈平原《四代人的文学史研究图景》，《北京大学学报》1997 年 4 期。

维、胡适、顾颉刚等，在史学界的贡献或许更大；第二代文学史家中，尚有一位陈寅恪兼通文史纵横古今；至于第三代及第四代文学史家，其影响力基本局限于文学研究圈内。反过来，若历史学家范文澜、吕思勉、钱穆等，其文学研究方面的业绩，也不被文学史家关注。

其实，换一个角度，“文学史”本身也是“史”，可看作“史学”的一个分支。二十世纪二十年代，梁启超撰《中国历史研究法补编》，第四章“文化专史及其做法”专门介绍语言史、文学史、神话史、宗教史、学术思想史、美术史等，称这些专门史都从属于“历史学科”；而顾颉刚刊行于1947年的《当代中国史学》，下编第四章“俗文学史与美术史的研究”，专门讨论小说史、剧曲史、俗文学史、美术史等，更是径直将“文学史”纳入史学范围来考察。今日中国，学科分野日趋严重，研究“文学史”的重任，似乎天然地落在中文系教授肩上。换句话说，“文学史”基本上成为“文学教育”而非“史学研究”的重要支柱。

二十年前，我写《独上高楼》，分辨三种不同类型的文学史：研究型、教科书、普及型。虽说“三类文学史都有其存在价值”，我明显偏爱第一种，不满意国人之将“教科书”与“学术专著”混为一谈[1]。当初京师大学堂教习江亢虎为同事林传甲所撰《中国文学史》（1904年）做序，称：“况林子所为，非专家书而教科书。”[2]意思是说，此书不同于古人“瘁毕生精力”之“著述”，只是为了便利初学而写作。区别“教科书”与“专家书”，这是个很有意思的提法。此后百年，中国学者撰写无数大同小异的《中国文学史》，很少人认真反省这一著述本身的内在限制，因而使得“教科书心态”弥漫于整个学界。

大学里的教科书，也可以是很好的学术著作，我曾提及民初代表桐城、选学两大文派的四部重要著述《春觉斋论文》（林纾）、《文学研究法》（姚永朴）、《中国中古文学史》（刘师培）、《文心雕龙札记》（黄侃），最初

① 参见陈平原《独上高楼》，《读书》1992年11期。

② 江绍铨：《中国文学史序》，载《早期北大文学史讲义三种》3页，北京：北京大学出版社，2005年。

均是北大讲义。至于五四新文化运动时期的北大讲义，如周作人的《欧洲文学史》、鲁迅的《中国小说史略》、吴梅的《词余讲义》(后改题《曲学通论》)、朱希祖的《中国文学史要略》、黄节的《诗学》、刘毓盘的《词史》等，也都非常值得关注[①]。但这有个前提：开山之作，功不可没；独辟蹊径，也可自由挥洒。否则，编撰学堂教科书，既受制于教学大纲，又得照顾听众能力，很容易陈陈相因。最常见的变通方式是，将大而化之的“文学通史”，切割成断代史、文类史或专题研究，这样就可拓展出另外一番新天地。郭绍虞在《中国文学批评史·自序》中，称自己“屡次想尝试编著一部中国文学史”，因规模过于庞大，没有勇气进行下去，“所以缩小范围，

① 参见陈平原《新教育与新文学——从京师大学堂到北京大学》，《学人》第十四辑，南京：江苏文艺出版社，1998 年 12 月；《知识、技能与情怀——新文化运动时期北大国文系的文学教育》，《北京大学学报》2009 年 6 期及 2010 年 1 期。

权且写这一部《中国文学批评史》"[1]。罗根泽在《乐府文学史·自序》中也说，自己准备分歌谣、乐府、词、戏曲、小说、诗、赋、骈散文八类，撰写"中国文学史类编"[2]。问题在于，历经百年书写，"中国文学史"其实已经极少有未经开垦的处女地了。这个时候，该如何面对"专业著述"与"教科书"之间的巨大张力呢？

不提意识形态问题，单说撰述体例——写书时考虑不考虑课堂教学，这绝对影响你的研究思路及论述策略。多年前，我曾提问：鲁迅晚年多次计划编一部《中国文学史》，并为此做了大量的准备工作，最后为何功败垂成？我的结论是："文学史著述基本上是一种学院派思路。这是伴随着西式教育兴起而出现的文化需求，也为新的教育体制所支持。鲁迅说'我的《中国小说史略》，是先因为要教书糊口，这才陆续编成的'，这话一点不

---

① 郭绍虞：《中国文学批评史·自序》，《中国文学批评史》，上海：商务印书馆，1934年。

② 罗根泽：《乐府文学史·自序》，《乐府文学史》，北平：文化学社，1931年。

假。假如没有‘教书’这一职业，或者学校不设‘文学史’这一课程，不只鲁迅，许多如今声名显赫的文学史家都可能不会从事文学史著述。”[①]

假如承认那种首尾完整、体例匀称、见解通达、四平八稳的“文学史”，主要是为“教学”（尤其是本科生必修课）而撰写的，那么，我的想法很简单：干脆进一步拉大“教科书”与“专业著述”之间的距离。扩大“楚河汉界”，既方便课堂教学，也是为了拯救中国学术——想想那么多中国学者从“编教科书”起步学习如何做研究，感觉很是悲哀。此外，我还想提醒，对于“文学教育”来说，“教科书”的重要性很可能被高估了。

十年前，我在《文汇报》上发表题为《“文学”如何“教育”》的短文[②]，称按照目前中国大学这种“以文学史

① 参见陈平原《作为文学史家的鲁迅》，《学人》第四辑，南京：江苏文艺出版社，1993 年 7 月。

② 陈平原：《“文学”如何“教育”》，《文汇报》2002 年 2 月 23 日。

为中心”的教学模式，其结果必然是：“学生们记下了一大堆关于文学流派、文学思潮以及作家风格的论述，至于具体作品，对不起，没时间翻阅，更不要说仔细品味。这么一来，系统修过中国文学史（包括古代文学、近代文学、现代文学、当代文学课程）的文学专业毕业生，极有可能对于‘中国文学’听说过的很多，但真正沉潜把玩的很少，故常识丰富，趣味欠佳。”如何解决这个问题，或者说怎样重建“文学教育”，我的意见是：若从事学术研究，尽可能以“问题”为导向；若是课堂教学，则不妨以“读本”为中心。

三、何谓“以‘读本’为中心”

文学教育的关键，在“读本”而不在“教科书”，在于培养阅读、品鉴、阐发的能力。

大概是兼治大学史的缘故，我对于从教育史、思想史及文化史的夹缝中思考学科建制及著述体例感兴趣。

正因此，作为教材的“文学史”，很容易被放置在“‘文学’如何‘教育’”这一平台上，加以认真的审视与叩问[①]。

在我看来，所有的学科建制，发展到一定程度，就会自我繁殖，自我重复，自我保护，进而拒斥一切可能危及自身利益的革新。突围的策略包括召唤亡灵，引进新知，借鉴其他学科，凭借天才创造等，还有就是进行“学术史反思”。四年前，我在河北大学召开的“新形势下中国现代文学的研究格局与教学问题”研讨会上，做了题为《假如没有“文学史”》的专题发言，现场效果很好，不过很多人以为我是说着玩的。因为，教育部规定中文系的必修课中，“文学史”乃绝对主力；而且，随着

① 近日在台湾新地文化艺术刊行《“文学”如何“教育”》（2012年11月）一书，收录《新教育与新文学》《知识、技能与情怀》《“文学”如何“教育”》三篇长文，加上“‘文学史’之是非曲直”一组短论；短论取自三联书店2011年版《假如没有“文学史”……》，长文则来自北大版《作为学科的文学史》。虽是“旧书新编”，书名很能凸显我的思考方向。

“马工程”（即中宣部主导的“马克思主义理论研究和建设工程”）的进一步推进，作为教材的“文学史”将越来越步调一致。

暂不考虑学术与政治、道德与审美、校园与市场等，单说教学实践：“在我看来，中国的‘文学教育’，主要问题出在以‘文学史’为中心的教学体系（背后确有配合国家意识形态及思想道德教育的意味，此处不赘），窒息了学生的阅读快感、审美趣味与思维能力。文学教育的关键，在‘读本’而不在‘教科书’，是在导师引导下的阅读、讨论、探究，而不是看老师在课堂上如何表演——教科书及老师的表演越精彩，越容易被记忆与模仿，对于学生来说，这是一种限制（从思考、提问到表达）。”[①]

正因长期任教大学，讲台上的我，自我定位是“文学教授”，而不是“文学史家”。我曾在北大开设“中国散文史”、“明清散文研究”两门选修课，前者思

① 陈平原：《假如没有“文学史”……》，《读书》2009年1期。

路闳阔，文采飞扬，但不太接地气，基本上是我一个人在表演；后者则选读若干明清散文家的作品，兼及相关的史学、文化、思想、学术等，也就是我在“三联讲坛”整理本《后记》所说的：“借助明清十八家文章，呈现三百年间（十六世纪中叶至十九世纪中叶）中国散文发展的大致脉络，并引起学生对这一古老文体的兴趣，是这一课程的主要目的。”[1] 事后征询学生意见，普遍认为修“明清散文研究”课的收获更大，因其贴近“中国文章”特点，符合“课堂教学”要求，且有“参与感”。

以“读本”为中心，这其实是传统中国文学教育的基本方式。想想《文选》《唐诗三百首》《古文辞类纂》等“选本”所曾发挥的巨大作用，就明白“文学教育”并非一定要以“文学史”为中心。1903 年起，中国大学选择了“文学史”作为主课，此举既使得学生们视野开

① 参见陈平原《从文人之文到学者之文——明清散文研究》265—266 页，北京：三联书店，2004 年。

阔，上下古今多有了解；又容易落下不读原著、轻视文本、夸夸其谈的毛病。解决的办法，或如老北大之同时开设“文学史”与“文学研究”两门课程，一讲历史演变，一重艺术分析，各司其职，各得其所[①]；或根据各学校的自我定位，在“精研读本”与“历史论述”之间，构建某种必要的张力，改变目前普遍存在的“重史轻文”倾向。必须承认，连续多年的大学升级与扩招，使得中国高等教育日渐平民化，此前采用的“精英教育”模式已不太适用；学生们大都缺乏独立阅读、深入思考、自由表达的兴趣与能力，言谈举止均打上教科书烙印。这一点，大凡在高校教书的，都有深刻体会。

对于生活在网络时代的中文系学生来说，知识爆炸，

---

① 1918 年北大发布的《文科国文学门文学教授案》，明确规定“文科国文门设有文学史及文学两科，其目的本截然不同，故教授方法不能不有所区别”。前者的目的是“使学者知各代文学之变迁及其派别”，后者的功用则为“使学者研寻作文之妙用，有以窥见作者之用心，俾增进其文学之技术”。参见陈平原《作为学科的文学史》97—99 页，北京：北京大学出版社，2011 年。

检索便捷，记忆的重要性在下降，如何培养阅读、品鉴、阐发的能力，成了教学的关键。以精心挑选的“读本”为中心来展开课堂教学，舍弃大量不着边际的“宏论”以及很可能唾手可得的“史料”，将主要精力放在学术视野的拓展、理论思维的养成以及分析能力的提升——退而求其次，也会多少养成认真、细腻的阅读习惯。至于说这么一来是否回到了“中学语文”的老路子，那要看你是怎样编选、如何讲授的了。

作为“文学教育”的“阅读”，其工作目标是批判性、联想性、拓展性以及个人性，应鼓励学生们广泛阅读、自由驰骋。以“中国现代文学及文化”课程为例，我在北京大学及香港中文大学已讲了三轮[①]，下学期将作为“公选课”面向北大各院系大学生。因修课对象不同，每次讲课内容都有所调整，但基本思路是：有脉络，但跳跃前进；有变幻，但呈现方向感；有文学

---

① 2007 年春本课程第一次在北大讲授时，题为“中国现代文学名著”；而后，2011 年秋在香港中文大学为本科生讲授、2012 年春在北京大学为研究生讲授。

史线索，但允许自由组合。具体说来，就是根据我的学术立场及文学史想象，为本课程设置了十五六个专题，每个专题开列若干我认为值得推荐的文本——至于“中国现当代文学”的学科背景、知识范围及参考资料等，我用一讲就解决了。以“现代中国的‘儿童书写’”这一专题为例，除了略为介绍社会思潮及文化氛围，我主要讨论鲁迅的《朝花夕拾》(1928)、叶圣陶的《稻草人》(1923)、沈从文的《阿丽思中国游记》(1928)、萧红的《呼兰河传》(1941)、骆宾基的《幼年》(1944/1994)、丰子恺的《子恺漫画》(1926)、张乐平的《三毛流浪记》(1947)、周作人的《儿童杂事诗》(1950)等。上述作品，学生只需部分选读，也可另行组合，在呈现大视野的同时，凸显个人趣味——这是一种近似万花筒的阅读方式。

之所以不局限于文学，兼及文化、艺术、思想、教育等，除了考虑这个学科的特殊性，更因为我设想的文学课堂，其工作重点是“打开思路”，而不是“提供结论”。至于为何将思考的重心从“重写文学史”，转为

“重建文学课堂”，请允许我摘录自己的一段话：

> 从学术史角度，探究现代中国大学里的“文学教育”，着眼点往往在“学科建构”、“课程设计”与“专业著述”，而很少牵涉师生共同建构起来的“文学课堂”。那是因为，文字寿于金石，声音随风飘逝，当初五彩缤纷的“课堂”，早已永远消失在历史深处。后人论及某某教授，只谈“学问”大小，而不关心其“教学”好坏，这其实是偏颇的。①

理解、关注、表彰那些“曾生气勃勃地活跃在讲台上的教授们”，相信“文学课堂”的魅力及其重要性一点不亚于“文学史”教材，这是我的基本信念。

我当然明白，如此信念，在中国大学“重科研而轻教学”的现实面前，很可能不堪一击。即便如此，还是

---

① 参见陈平原《“文学”如何“教育”——关于“文学课堂”的追怀、重构与阐释》，《中国文学学报》创刊号，2010 年 12 月。

希望脚踩两只船，兼及“史学著述”与“文学课堂”，但拒绝将二者混为一谈。

2012年11月27日初稿于香港中文大学客舍，

2013年2月12日改定于京西圆明园花园

（初刊《河北学刊》2013年第2期）

“多民族文学”的阅读与阐释[①]

记得是十年前，张菊玲、关纪新两位满族文学专家力邀我出席“多民族文学论坛”，我谢绝了。因为实在太外行，读书少，且一门少数民族语言都不懂，开口必露馅。后来发现是我理解错了，读张菊玲著《清代满族作家文学概论》（中央民族学院出版社，1990年）、关纪新著《满族小说与中华文化》（社会科学文献出版社，2014年），尤其是朗樱、扎拉嘎主编《中国各民族文学关系研究》（贵州人民出版社，2005年），方才明白所谓“多民族文学论坛”，不一定直接谈用少数民族语言撰写的文学作品（及其译本），或者少数民族作家的创

① 此乃作者2015年6月28日在云南民族大学于腾冲举办的“中国多民族文学高层论坛”上的主旨发言。

作。从多民族文学如何沟通、对话、借鉴、融合的角度立论，借用朗樱等人著作“前言”的标题，那就是“中国各民族文学‘你中有我、我中有你’格局的形成与发展”。若是这样，我还勉强够能发言。面对诸多专家，实在说不出什么高深的学理，以下所谈九个问题，纯属野叟献曝。

第一，传统中国是怎么看待民族问题的。首先必须明白，晚清以前和晚清以后，中国读书人看待种族及文化的眼光截然不同。1883 年王韬出版《弢园文录外编》，其中的《华夷辨》引《春秋》的说法，论证“苟有礼也，夷可进为华；苟无礼也，华则变为夷”。1897 年康有为弟子徐勤完成《〈春秋〉中国夷狄辨》，加上梁启超所作序，也都是这个立场。即便提倡革命的章太炎，1907 年撰《中华民国解》，也都承认中华民族乃“经数千年，混杂数千百人种”而成，关键在“文化”而非“血统”，故“中国可以退为夷狄，夷狄可以进为中国，专以礼教为标准”。这与唐人皇甫湜《东晋元魏正闰论》的辨析完全一致：“所以为中国者，礼义也；所谓夷狄者，无礼义也。岂系于地哉？”历朝历代的华夷之辨，所争均在文化（礼义）而非种族。这种高度的文化自信，从先秦到晚清，几乎一以贯之。也正因此，才有中华民族日渐融合（也就是章太炎所说的“混杂数千百人种”）的可能性。反过来，若是种族优先，那早就分裂成几十乃至几百国了。文化第一，种族第二，这是传统中国的读书人所坚信不疑的。晚清以前，这个立场被广泛认同，这才有今天以汉族为主体（包含56个民族）、充满自信与活力、日益繁荣昌盛的“中华民族”。即便今天被认定为汉族的，往前推十代、二十代，说不定也是某个少数民族。换句话说，在传统中国语境中，种族的界定相对模糊，远不及“文化”或“礼义”那么理直气壮、坚定不移。

第二，谈论“中国文学”，民族的重要性相对下降，更是一目了然。文学是语言的艺术，古往今来，不管血统上属于哪个民族，只要认同中华文化，采用汉语写作，就早被纳入中国文学史的版图。比如，面对强大的“中华文化”，满族上层人物也倾向于采用汉语来表达思想和感情，如乾隆皇帝写诗，纳兰性德填词等。传统中国，政治是一回事，文学又是一回事。即便在少数民族占主导地位的元代与清代，文学创作仍是以汉字书写为主。所以，我们编写《中国文学史》，很容易从古讲到今，从《诗经》《楚辞》一直讲到《红楼梦》，不会打岔，十分顺畅。可也正因为这个“顺畅”，很容易蒙蔽了我们的眼睛，忽略了历朝历代非汉族作家的生活及写作的特殊性。这正是今天进行“多民族文学”的对话与交流时，必须特别警惕的。

第三，关于民族主义思潮的兴起。上面说的华夷之辨以及文学一体，乃是基于高度的文化自信。这种自信，面对西洋的坚船利炮，竟轰然倒塌了。在“救亡图存”、创建现代民族国家的过程中，民族主义思潮的崛起是个关键。1902 年起，流亡日本的政治家及留学生开始接受并大力传播民族主义理论，使其成为建立现代民族国家的关键论述。这不仅仅是政治主张，还包括了与之配合的新媒介、新语文、新文学。在这个逐步演化的过程中，原本不太自觉的少数民族语文及文学，得到很好的培育与滋养。新中国成立后，随着民族政策的制定，各主要少数民族均拥有独立的报章、出版、学科乃至院校，加上中央一级的中央民族学院（后改为“中央民族大学”）、少数民族文学研究所、《民族文学》杂志等，更是对少数民族文学创作起了推波助澜的作用。不少少数民族作家或直接采用本民族语文写作，或双语写作，或在汉语书写的作品中凸显本民族的生活情趣与审美特性。这里有政府的号召、民族的自觉、市场的影响等，不能一概而论。而强调民族间的差异性，对作家来说是把双刃剑，在凸显本民族文化立场的同时，也可能使原先富有弹性的民族关系变得过分清晰，乃至有点僵硬了。这里谈的不是意识形态上的对与错，而是由于长期的积累，汉语书写的文学作品拥有更为丰厚的资源，不该因政治立场而刻意疏远。

第四，谈民族问题，必须古今有别。我们曾经因过分强调“政治正确”，生搬硬套，付出了惨痛的教训。比如，用今天的民族政策来衡量古代文学作品，争论《四郎探母》能不能演出，文天祥的《正气歌》要不要表彰，传为岳飞所作的《满江红》是否破坏民族团结等。现实生活中，大家也都记得大剧作家曹禺撰写《王昭君》的教训——不是不能翻案，只是不该让文学创作成为现行政策的注解。作家如此，学者也不例外。谈及古人的思想与文章，借用陈寅恪的说法，“应具了解之同情，方可下笔”，切忌套用今天的民族政策。近年学界的风气，倾向于全力以赴地挖掘很可能作家本人意识不到或刻意遗忘的少数民族身份，并大加阐释。出版商及评论家更是众口一词，以文学史考定少数民族作家的数量论英雄，如此渲染“创新之处”，我不无疑虑。除非作家有明确表态，或在作品中隐约透露，否则，没必要为每个古代作家确认民族身份。原因是，“中华民族”本就是逐渐形成的，所谓匈奴后裔或鲜卑后裔，若只是血统而无文化认同，不必过于拘泥。不管先辈来自哪个民族，在长期的民族融合过程中，若干代以降，很可能就只会用汉字阅读与书写了。

第五，如何处理专题研究与文学史书写。谈具体作家，怎么考证都没有问题，越详细越好；至于撰写文学史，轻重缓急、大小详略之间，大有讲究。很可能你考了大半天，证据确凿，但无关大局，对文学史书写没有任何影响。这里牵涉价值判断——文学史家考量的，首先是文学成就，而后才是思想立场、民族认同等。陶渊明诗文之所以被我们世代传诵，与其溪族出身基本没有关系。对此话题，专题考辨（如陈寅恪的《魏书司马叡传江东民族条释证及推论》《陶渊明之思想与清谈之关系》）多多益善，但文学史则只能一笔带过。之所以发此感慨，因近年参加各种文学史、文学读本及大百科全书编写或修订的座谈会，与会者往往纠结于如何发掘汉语写作的少数民族作家，以及怎样将其纳入文学史框架。传统中国文学本是多元一体，流转变迁中，民族身份和文化认同历来比较模糊，且有很大的弹性与空间。着力为两千年中国文学史上无数作家编列档案，确定其种族及文化认同，这工作可以做，但不是文学史研究主要的突破口。我这里说的是采用汉语书写的作家，至于长期生活在少数民族地区且采用母语写作的作家及作品，如何组织力量翻译及评论，确定其在文学史上的地位，那倒是值得认真经营的。

第六，关于文学史的多样性。自 1903 年颁布的《奏定大学堂章程》规定新式学堂采用“文学史”，而非传统的“文章流别”，此后百年，文学教授们各显神通，编纂了各种各样的《中国文学史》。何为“中国文学史”讨论的对象？最初的设想很简单，那就是“中国人”用“汉语”撰写的文学作品。如今，这两大标准都受到了严肃的质疑。这里暂时按下“中国人”不表，单说这“汉语书写”。不管是哪个民族，只要采用汉语书写（如元稹、白居易、纳兰性德），早就进入了《中国文学史》，最多只是局部调整；比较麻烦的是中国三大英雄史诗《格萨尔》（藏族）、《江格尔》（蒙古族）、《玛纳斯》（柯尔克孜族），还有维吾尔族古典长诗《福乐智慧》，你怎么在《中国文学史》中呈现其身影？这就牵涉到各有其宗旨及读者的总体文学史、语种文学史、族别文学史、区域文学史，如何分工合作的问题。那种总揽全局、涵盖古今、强调文学传承、配合国家意识形态，作为高校统编教材的《中国文学史》，我称之为“总体文学史”。此外，坊间还有各种功能各异的文学史。相对于区域性的《湖北文学史》（华中理工大学出版社，1995 年）、《湖南文学史》（湖南教育出版社，1998 年）、《山西文学史》（北岳文艺出版社，1998 年）、《安徽文学史》（安徽文艺出版社，2013 年）等，我更看好以民族或语种划分的文学史，如《藏族文学史》（四川民族出版社，1994 年）、《蒙古族文学史》（内蒙古人民出版社，2000 年）、《满族文学史》（辽宁大学出版社，2012 年）、《中国回族文学通史》（阳光出版社，2015 年）等。各区域或各民族文学史的撰写，一般都是追根溯源，从头说起，且承认地理环境、生活习俗、口头歌谣、神话传说等对后世民众的思考、表达和审美起很大作用；但前者讨论的仍以汉语书写为主；后者则扩大到各种少数民族语言书写的作品，对拓展“中国文学”的边界、改变国人的阅读习惯与欣赏趣味，更有意义些。这两类著作，与“总体文学史”之间，构成了一种互补的关系。

第七，关于中国文学发展的动力问题。二十世纪二三十年代，鲁迅、胡适、傅斯年、郑振铎等人都曾谈及，两千年中国文学并非永远向上、一帆风顺，而是跌宕起伏、回环往复。当中国文学呈现整体性的颓败时，有两种途径使其重新焕发青春：第一是从民间吸取养分，第二是从域外获得榜样。这两大“强心剂”，是中国文学不断自我更生的关键。也就是说，或眼睛向下，到民间去寻找文学发展的动力；或眼睛向外，借异域文化的传入重获新生。今天看来，有必要引入第三种发展的动力，那就是中国境内多民族文学的对话与互动。考虑到人类文明史上的“中国文学”大厦，确实是以汉族及其书写形式为主体，那么，我们有必要证明不同时期各少数民族文学如何为这座大厦添砖加瓦，乃至局部更换，使其得以抵抗时间的侵蚀，巍然屹立于世界的东方。回头看，这半个多世纪的少数民族文学研究，让我们对中国文学的自我更新有了更为清晰的理解。引入这“第三种动力”，视野发生了很大变化，会浮现若干陌生的名字，但不会威胁到太多经典作家的历史地位。屈原、陶潜、李白、杜甫照样很重要，只是论述方式需要做些调整。其实，“多民族文学”视野的形成，主要意义在于打破传统的独尊汉族文化的思维定式。当然，凡事皆有度，不能矫枉过正，免得因照顾民族比例而将“中国文学史”弄得支离破碎。须知经典之所以成为经典，生产、流通、阅读、传播缺一不可。假定一部作品，历史上从不被重视，也没能进入一代代读书人的视野，千年后突然出土，当作“考古成就”可以，捧为“文学经典”则不妥。如此“经典化”的过程，不取决于个别人的意志，而是中华民族历史意识与审美趣味的积淀。在这个意义上，引入多民族文学的对话，对总体文学史的书写会有影响，但不会是颠覆性的。

第八，关于“文学关系”的把握。重写文学史时，应更多地关注多民族文学之间的交流、对话与相互影响，我认为是日后的发展方向。但这里有个难题，与“中国文学主流”发生关系的，不管是接纳、转写，还是对抗、背叛，都容易纳入论述；而那些因远离中原政权或汉族文化、独立存在千数百年的少数民族文学作品或艺术形式，则很容易被忽略或排斥。说明白点，就是如何尊重少数民族文学的独立性，而不要过分强调“中国文学”的整体性。“中华民族大团结”是今天的口号，历史上各地域各民族的文化及文学差异必须被尊重。为了政治正确或逻辑严密而强力“收编”，无论说高还是说低，效果都不好。保持主干不动，允许“节外生枝”，如此五彩缤纷的局面，方才是中国文学的真实状态。在我看来，刻意压抑“主流”之外的声音固然不好，强行招安，也是一种扭曲。更通达的做法是，承认文化及文学的多元性，在适当的地方“立此存照”，这样就可以了。

第九，确立“多民族文学”的视野，对于中华民族大团结的意义。在我看来，谈论少数民族文学及文化，并非只是国家民委的责任，教育主管部门也应该积极介入。民族融合是双向的，让少数民族地区的学生了解中华文明的多元一体，这很重要；反过来，也得要求汉族地区的学生了解曾经很辉煌、至今仍在少数民族地区被广泛阅读与传唱的文学作品。而今天的实际状态是，谈论少数民族文学，不管创作还是研究，都只局限在小圈子里，没能进入更为广阔的公共视野。或许有必要编译一册少数民族文学读本，并在大学里开设相关的必修课或选修课。这么做，比简单的宣讲民族政策更有效果。

我当然明白，此事牵涉面很广，需要政府的允许与支持，不是学者单凭热情就能做好的。但我坚信，编一册这样的读本，让其进入大学校园，促使汉族学生更多地了解中国境内各少数民族的文化及文学（及其蕴含的历史传统、宗教意识、生活习俗等），养成开阔的视野、宽广的心胸、多元的趣味，不仅有利于消除各民族间的隔阂、保持国家的长治久安，更可促成中国“多民族文学”的健康成长。

2015 年 10 月 3 日修订于京西圆明园花园

（初刊《文艺争鸣》2015 年第 11 期）

语文之美与教育之责[①]

今天谈教育，最响亮的口号，一是国际化，二是专业化。这两大潮流都有很大的合理性，但若以牺牲“母语教育”或“中国文辞”为代价，则又实在有点可惜。

一百一十多年前，具体说是光绪二十九年（1903年）十一月，晚清最为重视教育的大臣张之洞在奉旨参与重订学堂章程时，在规定“中学堂以上各学堂，必全勤习洋文”的同时，强调“学堂不得废弃中国文辞”。之所以刻意凸显“中国文辞”，不是基于文学兴趣，而是担心西学大潮过于凶猛，导致传统中国文化价值的失落。此立场曾被批得“体无完肤”，今天看来颇有预见性。

① 此乃作者2014年12月21日在华东师范大学召开的“百年语文的历史回顾与展望”研讨会上的主旨演说。

一

阅读与写作课：国外高校是抹不掉的必修课，我们还在由大学“自作主张”。

北大中文系百年系庆时，我曾谈及：“‘母语教育’不仅仅是读书识字，还牵涉知识、思维、审美、文化立场等。我在大陆、台湾、香港的大学都教过书，深感大陆学生的汉语水平不尽如人意。”前一句好说，后一句很伤人，这其实跟我们整个教育思路有关。

教育部在启动此次新高考改革时，已明确宣布取消中学的文理分科。但至于今后大学是否要开设“大一国文”或“大学语文”，教育部不敢硬性规定，任凭各大学自作主张。相比之下，台湾教育界目前还在坚持六个学分的“大一国文”，显得弥足珍贵。

记得四年前，在上海哈佛中心成立会上，与哈佛大学英文系教授交流各自的心得与困惑，我谈及“大一国文”的没落以及大学生写作能力的下降，对方很惊讶，因为对他们来说，“阅读与写作”是必修课，抹不掉的。准确、优雅地使用本国语言文字，对于任何一个国家任何一个时代的大学生都很重要。而这种能力的习得，不是一朝一夕的事，更不是政治课或通识课所能取代的。

学习本国语言与文学，应该是很美妙的享受。同时，此课程牵涉甚广——语文知识、文学趣味、文化建设、道德人心、意识形态，乃至“国际关系”等。最后一点是我的即兴发挥，起源于一件小事。

多年前，某教授很悲伤地告诉我，日本的中学国文课本将删去鲁迅的《故乡》，理由是国文不该收外国人的作品。后来证明是误传。据东京大学藤井省三教授告知：“日本有五所出版社刊行初中国语课本，这五种课本从 1972 年以后一直到现在，都有鲁迅《故乡》。”国语课本收不收鲁迅作品，对于普通日本人之了解现代中国，关系重大。表面上争的是“译作”算不算“国文”，背后则是国民心态。我们的中学语文课本是收译作的，除了承认现代汉语受外来词汇及表达方式的深刻影响，还显示了国人的开放心态及国际视野。

二

今人读书如投资，都希望收益最大化。这一思路明显不适合语文教学。

我从十六岁开始教书，最初教小学及初中的语文课，后来在大学主讲文学史。记得“文革”时知青下乡，若被请去教书，十有八九是从语文教起——我自己的经历也是这样。因为校长们觉得，凡有一定文化修养的，只要满腔热情且肯用心，都能教好语文课。换句话说，语文很重要，但教语文课的门槛很低，完全可以“无师自通”。

四十多年后的今天，随着基础教育水平的提升以及高等教育的普及，当一个合格的语文教师，不管教的是小学、中学还是大学，都不太容易了。但即便如此，高中的语文课或大学的文学史课程，依旧注重自由自在的阅读，没有那么多“先修课程”的限制，也不太讲究“循序渐进”。面对浩如烟海的名著或名篇，你愿意跳着读、倒着读，甚至反着读，问题都不大。这也是大学里的“文学教育”不太被重视的原因——“专业性”不强，缺几节课，不会衔接不上。

可这正是中学语文或大学的文学课程可爱的地方，其得失成败不是一下子就显示出来的，往往潜移默化，“润物细无声”。比如多年后回想，语文课会勾起你无限遐思，甚至有意收藏几册老课本，闲来不时翻阅；数学或物理就算了，因为相关知识你已经掌握了。另外，对于很多老学生来说，语文老师比数学、英语（课程）或政治课老师更容易被追怀。不仅是课时安排、教师才华，更与学生本人的成长记忆有关。在这个意义上，说中小学语文课很重要，影响学生一辈子，一点都不夸张。别的课程若非做专门研究，大都毕业就搁下，惟有研习本国语文，是“活到老，学到老”。

语文教学的门槛很低，堂奥却极深。原因是，这门课的教与学，确实是“急不得也么哥”，就像广东人煲汤那样，需要时间与耐心。现代社会“知识大爆炸”，学生需要修习的科目很多，不可能只读“四书五经”；但贪多求快，道听途说，压缩饼干式的教学，对于中学语文或大学的文学史课程，损害尤其明显。因此，如何在沉潜把玩与博览群书之间，找到合适的度，值得读书人认真思考。

今人读书如投资，都希望收益最大化。可这一思路，明显不适合语文教学。实际上，学语文没什么捷径可走，首先是有兴趣，然后就是多读书、肯思考、勤写作，这样，语文就一定能学好。《东坡志林》里提到，有人问欧阳修怎么写文章，他说：“无他术，唯勤读书而多为之，自工。世人患作文字少，又懒读书，每一篇出，即求过人，如此少有至者。疵病不必待人指摘，多做自能见之。”这样的大白话，是经验之谈。欧阳修、苏东坡尚且找不到读书作文的“诀窍”，我当然更是“无可奉告”了。据叶圣陶先生的长子叶至善称，叶老从不给他们讲授写作方法，只要求多读书；书读多了，有感觉，于是落笔为文。文章写多了，自然冷暖自知，写作能力逐渐提升。叶老这思路，跟欧阳修的说法很接近。

三

我特别担心慕课风行的结果。别的课我不懂，但深知语文课不能对着空气讲，“现场感”很重要，必须盯着学生们的眼睛。

为何先说“学”，再说“教”？因本国语文的学习，很大程度靠学生自觉。所谓“师傅领进门，修行靠个人”，在这门课上表现得特别突出。教师能做的，主要是调动阅读热情，再略为引点方向。若学生没兴趣，即便老师你终日口吐莲花，也是不管用的。十年前主编《普通高中课程标准实验教科书·中国小说欣赏》（北京：人民教育出版社，2005 年），我在“前言”中称：“除了母语教学、人文内涵、艺术技巧等，我们更关注‘阅读快感’——读小说，如果味同嚼蜡，那将是极大的失败。”其实，不仅是选修课，语文课本都得考虑学生的阅读趣味。记得小时候新学期开学，最期待的就是领到语文课本，然后抢先阅读，半懂不懂，但非常愉快。

说到语文学习的乐趣，必须区分两种不同的阅读快感：一是诉诸直觉，来得快，去得也快；一是含英咀华，来得迟，去得也迟。“经典阅读”与“快乐阅读”，二者并不截然对立。我只是强调教学中如何培养学生“发现的目光”。发现什么？发现表面上平淡无奇的字里行间所蕴涵着的汉语之美、文章之美、人性之美以及大自然之美。而这种“发现”的能力，并非自然而然形成，而是需要长期的训练与培育。这方面，任课教师的“精彩演出”与“因势利导”，都很重要。

在拙作《从文人之文到学者之文——明清散文研究》的“开场白”中，我提及大物理学家费恩曼如何精心准备，投入极大热情，把物理学讲得出神入化，让人着迷，当时借用《迷人的科学风采——费恩曼传》里的一段话：“对费恩曼来讲，演讲大厅是一个剧院，演讲就是一次表演，既要负责情节和形象，又要负责场面和烟火。不论听众是什么样的人，大学生也好、研究生也好、他的同事也好、普通民众也好，他都真正能做到谈吐自如。”不一定是学术大师，任何一个好老师，每堂课都是一次精心准备的演出，既充满激情，又不可重复。

如承认讲课是一门艺术，课堂即舞台，单有演讲者的“谈吐自如”远远不够，还必须有听讲者的“莫逆于心”，这才是理想状态。去年我在《文汇报》上发表《作为一种“农活儿”的文学教育》，承认慕课（MOOC，即大规模开放在线课程）在普及教育、传播知识方面的巨大优势，同时又称：从事文学教育多年，深知“面对面”的重要性。打个比喻，这更像是在干“农活儿”，得看天时地利人和，很难“多快好省”。这“教育的性质类似农业，而绝对不像工业”的妙喻，不是我的发明，其实来自叶圣陶、吕叔湘二位老前辈。我特别担心慕课风行的结果，使得第一线的语文教师偷懒或丧失信心，自觉地降格为某名校名师的助教。别的课我不懂，但深知语文课不能对着空气讲，“现场感”很重要，必须盯着学生们的眼睛，时刻与之交流与对话，这课才能讲好。只顾摆弄精美的PPT，视在场的学生为“无物”，这不是成功的教学，也不是称职的教师。

四

某种意义上，学文学的，太富贵、太顺畅、太精英，不一定是好事情。

关于中学语文课以及大学的文学教育，我说过两句话：一是请读无用之书，二是中文系是为你的一生打底子；现在看来，有必要增加第三句，那就是：语文学习与人生经验密不可分。

先说第一句，那是答记者问时说的。我谈到提倡读书的三个维度，其中包括“多读无用之书”。为什么这么说？因为今天中国人的阅读，过于讲求“立竿见影”了。在校期间，按照课程规定阅读；出了校门，根据工作需要看书。与考试或就业无关的书籍，一概斥为“无用”，最典型的莫过于搁置文学、艺术、宗教、哲学、历史等。而在我看来，所谓“精英式的阅读”，正是指这些一时没有实际用途，但对养成人生经验、文化品位和精神境界有意义的作品。

第二句则是在北大中文系2012届毕业典礼上的致辞：“中文系出身的人，常被贬抑为‘万金油’，从政、经商、文学、艺术，似乎无所不能；如果做出惊天动地的大成绩，又似乎与专业训练无关。可这没什么好嘲笑的。中文系的基本训练，本来就是为你的一生打底子，促成你日后的天马行空，逸兴遄飞。有人问我，中文系的毕业生有何特长？我说：聪明、博雅、视野开阔，能读书，有修养，善表达，这还不够吗？当然，念博士，走专家之路，那是另一回事。”

这就说到了第三句。引述章太炎“余学虽有师友讲习，然得于忧患者多”（《太炎先生自定年谱》），似乎有点高攀；那就退一步，说说普通大学生的学习状态。不同地区不同水平的中学毕业生，通过高考的选拔，走到一起来了；可实际上，他们的学习能力及生活经验千差万别。一般来说，大城市重点中学的学生学业水平高，眼界也开阔，乡村里走出来的大学生，第一年明显学得很吃力，第二年挺住，第三四年就能渐入佳境——其智力及潜能若得到很好的激发，日后的发展往往更令人期待。如果读的是文史哲等人文学科，其对于生活的领悟，对于大自然的敬畏，对于幸福与苦难的深切体会，将成为学习的重要助力。

某种意义上，学文学的，太富贵、太顺畅、太精英，不一定是好事情。多难兴邦，逆境励志，家境贫寒或从小地方走出来的大学生，完全不必自卑。

五

大学生一定要学会表达。有时候，一辈子的道路，就因这十分钟二十分钟的发言或面试决定，因此，不能轻视。

对于今天的大学生来说，单讲认真读书不够，还得学会独立思考与精确表达。这里的表达，包括书面与口头。几年前，我写《训练、才情与舞台》，谈及学术会议上的发言、倾听与提问，其中有这么几句："作为学者，除沉潜把玩、著书立说外，还得学会在规定时间内向听众阐述自己的想法。有时候，一辈子的道路，就因这十分钟二十分钟的发言或面试决定，因此，不能轻视。中国大学没有开设演讲课程，很多学者缺乏这方面的训练。"具体的论述内容或不准确，但强调口头表达的重要性，我想八九不离十。大陆、香港、台湾三地大学生在一起开会，你明显感觉到大陆学生普遍有才气，但不太会说话——或表达不清，或离题发挥，或时间掌握不好。这与我们的课堂教学倾向于演讲而不是讨论有关。实行小班教学，落实导修课，要求学生积极参与讨论并记分数，若干年后，这一偏颇才有可能纠正过来。相对于其他课程来说，语文课最有可能先走一步。

我博士刚毕业那阵子，曾被老先生夸奖"会写文章"。当初还觉得挺委屈的，因为，比起"思想深刻"或

“功底扎实”来，这“会写文章”不算专业评价，更像是雕虫小技。教了三十年书，逐渐体会此中甘苦。我终于明白，作为学者，会不会写文章，确实是个“事”——而且是不小的事。最近十年，我撰写了若干关于“现代中国述学文体”的论文，一半是学术史研究，一半则为了教学需要。不说成为大学者，即便只是完成博士或硕士论文，也都不是“动手动脚找东西”，或引进最新潮的理论，就能手到擒来的。

在一个专业化时代，谈“读书”与“写作”，显得特别小儿科。或许正因此，当大学老师的大都不太愿意接触此类话题。既然没有翅膀，若想渡江，就得靠舟楫。不管小学中学大学，对于老师来说，给学生提供渡江的“舟楫”，乃天经地义——虽然境界及方法不同。在北京大学的专题课以及香港中文大学的讲论会上，每当循例点评学生的论文时，我不仅挑毛病、补资料、谈理论，更设身处地帮他们想，这篇文章还可以怎么做。学生告诉我，这个时候他们最受益。

说到底，中学语文课以及大学人文学科，就是培养擅长阅读、思考与表达的读书人。只讲“专业知识”不够，还必须“能说会写”——这标准其实不低，不信你试试看。

（初刊《文汇报》2015年1月9日，略有修订。此文在网上广泛流传，但被改题为《陈平原：一辈子的道路，决定于语文》《陈平原：中文系是为你一生打底子》等）

语文教学的魅力与陷阱[①]

正式演讲之前，先说三句闲话。

首先，如何选题。主办方原本希望我谈读书，被我谢绝了。我曾自嘲："比起传授各种专业知识，劝人读书或教人怎么读书，显得没有多少技术含量，以致学有专精的教授们，普遍不太愿意涉足。"这当然是偏见，我并不这么看，要不怎么会撰写并刊行《读书的风景——大学生活之春花秋月》（北京大学出版社，2012 年）和《读书是件好玩的事》（北京：中华书局，2015 年）？因谈读书"名声在外"，常被邀请做此类演讲，这让我很尴尬——在我心目中，书已经出版了，就没必要再唠叨。

① 此乃根据作者 2015 年 10 月 11 日在无锡江南大学为国培班所做演讲，以及同年 12 月 24 日在南京中语会的专题演说整理而成。

最近我想清楚了，演讲跟戏曲、国画、新闻报道一样，讲究的是“人气”，而不怎么追求“原创”。人家希望你讲“最拿手的”，不计较你在别的地方讲过——因为，对于现场听众来说，都是第一次。可我不是职业演说家，明知没有追着听你讲的听众，还是希望尽可能避免重复。

其次，怎么演讲。有演讲经验的人都明白，讲两小时与讲二十分钟，是两种截然不同的演讲状态。都是两小时，一种独角戏（含问答），另一种三四人合抬，若同等才华且都认真准备，则后者较能出彩。一口气讲两个小时，必须掺水，否则听者太累，讲者也没那么多干货。至于为何演讲一般安排两小时，我猜那是课堂形式决定的——大约两节课。民国年间，无论政治家还是文人学者演讲，颇多半小时二十分钟的。比如鲁迅的演讲稿，除了 1927 年的《魏晋风度及文章与药及酒之关系》，其他都是短演讲。

再次，构思的经过。不同于开口就来的政治家或综艺节目主持人，我做演讲，事先需要准备。专题演讲不同于学术论文，是允许新旧杂陈的。如何将近期思考、长短文章、还有答问及随笔捏合起来，组织成一篇自成起讫、主题明晰但粗枝大叶的论述，未尝不是一种有益的尝试。下面讲的十三个问题，就是这么重装、改写与拓展。至于为什么是十三，很简单，不喜欢“十全十美”的假象。

第一，大学与中学之间的裂缝。同样是教育，中学与大学是有区别的，但这区别到底有多大，谁也说不清。民国年间，中学老师进大学教书，很正常，如历史学家钱穆、吕思勉，文学家朱自清、美学家朱光潜等。至于特定年代大学教授因经济困难到中学兼课（如抗战中西南联大教授），那就更容易理解了。但五十年代以降，大学教师与中学教师之间的鸿沟，变得几乎不可逾越。这很奇怪，可绝少被追问。大学教师良莠不齐，中学教师则同样藏龙卧虎。只是因教学对象及教学内容不同，久而久之，前者较为专精，如此而已，无所谓高低雅俗。

我在中山大学读硕士时的导师吴宏聪先生，他的导师是杨振声；我在北京大学读博士时的导师王瑶先生，他的老师是朱自清。杨、朱二位主要活跃在解放前，以大学教授而关注中小学语文教育；吴、王二位主要活跃在解放后，则全力以赴在大学教书。杨振声先任国立青岛大学校长（1930—1932），辞职后，受命主编中小学国语教科书（1933—1936），帮手是著名小说家沈从文；西南联大时期，杨先生主持编写“大一国文”教材，同样全力以赴。朱自清在浙江春晖中学执教的那一年（1924—1925），撰写了《中等学校的学生生活》《教育的信仰》等，对中学教育很失望，希望转到大学教书。可日后再三回顾，深度介入中小学语文教学，其动力与经验正在于此。1942 年，朱自清与叶圣陶合编了《精读指导举隅》《略读指导举隅》等书，由商务印书馆出版。1945 年，二人又合著了《国文教学》一书。另外，朱自清撰写的《经典常谈》以及《标准与尺度》《语文拾零》《论雅俗共赏》等，对关注中学语文教学的人来说，都是不可多得的好读物。大学教授介入中小学教育，往往悬得很高，因理想不容易实现而颇有怨言。可我猜想，从杨振声到我的师兄钱理群，其“屡败屡战”的自我陈述中，其实包含着自得与自信。人的精力有限，大力介入中小学教育，多少会影响专业著述的深度。可放眼整个社会，中小学教育的重要性及影响力，非书斋里的高头讲章所能比拟。

大学教授介入中小学语文教育，不是能不能做，而是怎么做才能做好。师友们的经验，让我很惭愧——刚才提及我的师兄钱理群介入中学语文教育讨论，主编《新语文读本》等，虽被打压，但越战越勇。另一位师兄温儒敏为《高中语文》的执行主编，又是新课标修订组负责人，近期还在编各种语文教材，在中学语文教学方面影响很大。他们俩的风格不太一样，老钱一直坚守民间立场，老温则官方色彩比较浓，承接的是教育部项目。但有一点，他们都不是一时兴起，而是多年持之以恒地关注中小学教育。相对来说，我更多关注大学问题，包括大学史、大学的国文教育、文学史书写等。

中学语文教育兼及工具性与人文性、实践性与理论性、社会性与个人性，需全身心投入，且不能太书生气。像我这样半心半意，犹抱琵琶半遮面，那是做不好的。对此话题，我只能敲敲边鼓，说点旁观者清之类的好话与坏话，保持一种真诚但遥远的关注。

第二，语文教材的编写与逃离。今年7月11日，我应邀参加《新京报》主办的“语文教育高层论坛”。主办方说“随便谈谈”，可我还是准备了讲稿，题为《大学教授介入中学语文教学的途径及边界》，而且就从我为何撤出中学语文教材编写说起。十年前，也就是2005年，我与原复旦大学著名教授章培恒先生合作主编中华书局版初中及小学《语文》课本。章先生管小学部分，我管初中部分，但主要工作是编写组做，我们只是帮助出主意，把把关。此前参加过人教社版《高中语文》的编写，只负责其中一册，加上专题课教材《中国小说欣赏》，别的事不太管。这回是主编，被要求参与宣传推广，我拒绝了。教材编得好不好另说，单是这种不妥协的态度，就注定了我们的失败。此后，好几次有人请我出山，都谢绝了，原因是教材编写的复杂性超出我的想象与掌控能力。

2012年夏，听说我辞去了北大中文系主任，语文出版社社长王旭明约做专访。这次访谈，整理成四则短文，连载于《语言文字报》；后又剪裁成《怎么学好语文，怎么教好语文》，刊2013年6月19日《中国青年报》。这些答问，与初刊《语文建设》2012年第9期的《发现语文之美，享受阅读之乐》（李节整理）有重叠。原因是，前半场与王旭明对话，后半场接受李节采访；王先生大度，允许李女士旁听。其中《陈平原谈语文教材编写》（《语言文字报》2012年8月24日）一则，谈及大学教授参与中小学教材编写的利弊得失。在我看来，大学教授若想介入中小学教育，须多与中小学老师交流，了解中小学的教学规律；切忌居高临下，站在大学的立场来指导中小学教学。真正让我警觉，赶紧“金盆洗手”的，是以下三个因素。其一，编中小学教材，兹事体大，不同于个人著述。写文章，你说不行，我可以改；编教材可不一样，不能拿百十万儿童当小白鼠。其二，凡编写教材的，都希望发行量大，面向全国；可中国太复杂了，东西南北、沿海内陆、城市乡村，你越深入调查就越心虚。其三，编教材，有意识形态方面的限制，同时还受商业利益牵扯，其中的错综复杂，非我等书生所能把握。说白点，为中小学生编教材，这是一件专业性很强的工作，不能随便进来插一脚。既然我做不到全身心投入，只好赶紧撤退。

第三，语文教师的影响力。今年7月的某一天，我的新老学生在微信群里“奔走相告”——那天的《新京报》报道我在“语文教育高层论坛”上的演讲：“陈平原首先谈到了语文教师对学生人格养成的重要性。他表示，比起大学或者博士班，中学阶段对学生的影响其实更大。‘所以某种意义上，中学老师们对于学生们的影响力比大学要大。’陈平原讲了一个自己学生的例子。他说：‘十年前我的一个研究生毕业了，她学得不错，我劝她考博士班，她说不考，她就想当中学老师。她今天在清华附中教书，教得很好，而且她一直对我说，虽然我做专业也能做好，但我更愿意当一个中学语文老师。对这样的学生来说，她的中学老师给她的影响，远远超过我作为研究生导师给她的影响。’所以，陈平原认为，培养学生人格，是中学语文老师的一个重要的工作。”（参见《陈平原：成绩要关注 但不是目标》，《新京报》2015年7

月13日）

学生们都知道，这里说的在清华附中教书的“她”是谁，纷纷向她祝贺，她本人也很激动。因为，演讲现场，就有那位给她很大影响，促使她选择中学教职的南京师大附中语文特级教师王栋生。我向王栋生道谢，没想到，接着我演讲的清华附小校长窦桂梅，又向我道谢。她早年有位出色的学生，跟她有很好的互动，留下不少温馨且有趣的故事。而那位学生如今正跟随我读博士。一位小学老师，一位中学老师，一位大学老师，竟然因各自的学生而紧密相连。并非主办方有意安排，我们互相都不知情，到了现场聊起来，方才发现世界真小，竟有如此奇遇。

为什么说中学教师对学生人格养成特别重要？那是因为，到了大学阶段，学生的性格基本定型了。尤其是进了博士班，主要做专业训练。对青少年来说，最具可塑性，也最容易出现偏差的是初中到高中阶段。所有中学教师都可能深刻影响学生的志趣与性情，但语文老师的感召力尤其明显。我回忆自己的小学及中学，记忆深刻的基本上都是语文老师。并非因为我是文学教授，故王婆卖瓜；我也问过好多人，大都如此。或许应该这么说：因教材有趣且教学方式灵活多样，语文老师更容易被学生关注与记忆。

第四，教书是良心活。无论做什么事，最好都能用心用力，如狮子搏兔，方能尽善尽美。但同样耕耘，有的效果高低立见，有的则比较隐晦，多年后才显山露水。比如农民种田工人做工，一偷懒，马上就露馅。教书不一样，具备一定的技能后，是不难偷懒的。你用不用心，真的是天知地知，你知我知。当然，聪明的学生也能体会到。我家三代教书，不敢说“为往圣继绝学，为万世开太平”，但起码上课是认真的。我培养的学生，大都教书认真，也很享受教书的乐趣。可在目前这个独尊科研、讲究数字的评价体系中，认真教书的老师，显得另类，也很吃亏。校长们都承认，大学不是研究院，不该忽略课堂教学与学生培养。可教书认真不认真，很难准确界定，不如数论文篇数来得准确。今天的大学教授，普遍不愿意在学生身上花太多时间。希望中学老师不会这么势利。因为，孩子们很敏感，真的是“有点阳光就灿烂”。因此，在我看来，中学评高级教师，主要看教学实践，不该过分倚重论文发表。

第五，高中教师的特殊职责。十年前，我曾接受专访，谈自己如何“从小学生教到博士生”（参见《陈平原：从小学生教到博士生》，《新京报》2005 年 5 月 11 日）。那本是一句玩笑话，没想到被做成了标题，显得有些牛皮哄哄，不太好意思。其实，从小学一年级到博士后，我缺了高中这一块。没教过高中语文，这很重要吗？当然。除了此乃孩子们成长的重要阶段，更因面临高考这一大关，故格外吃紧。对于高中毕业班老师来说，如何平衡个人教育理念与社会制度安排，是个难题。有一次在演讲现场，我被学生家长将了一军：如何读书，到底听你这位大专家的，还是听孩子班主任的？我脱口而出：平时听我的，临近毕业那一年，听班主任及任课老师的。

除非孩子准备出国念书，否则，高考是个关键时刻，你不好说大话，耽误人家。为了你的立场坚定与逻辑完整，害得人家考不上好大学，那是不道德的。我曾引清代袁枚信中的说法：知道八股很不好，但大形势如此，你只能妥协；赶紧闯过科考关，再努力自我调整。你偶尔演讲，站着说话不腰痛，当然可以唱高调；高中毕业班的老师们，如何在素质教育与应试教育之间保持必要的张力，是需要高超的技巧的。作为学生家长与作为教育专家，同样面对高中阶段的学生，立场很不一样。这也是我不敢到中学演讲的缘故——面对中学老师还好些，多少总有理解与沟通。而且，即便话说重了，也不会有直接的伤害。

第六，如何看待高考指挥棒。今年夏天，北大清华为抢高考状元而“大打出手”，很不雅观。我在接受媒体采访时称：抢好学生很正常，所有国内外大学都在抢。问题在于手段及标准——以高考分数来抢学生，抢所谓的“状元”，实在没出息。因为，抢“状元”的真正原因，不是爱惜人才，而是维护学校名誉——在媒体及民众心目中，抢到的“状元”越多，证明这大学越好（参见彭苏《陈平原：抢“状元”实在没出息》,《东方早报》

2015年7月8日）。

北大校方曾作过两个决策，可惜都落了空。第一是不公布高考成绩，不排名；第二是与清华达成协议，彼此都不炒作所谓的“状元”。实际上，校长及教授们都明白，抢来的各省高考“状元”，绝大部分不比别的学生强。到目前为止，没有任何材料证明当初的高考分数对学生日后发展有很大影响。各省高考的第一名，如不去香港就学，基本上不是进北大，就是进清华。这两所大学若能“深明大义”，不炫耀抢了多少个各省第一，别的学校也就没什么好炒作的了。

为了打破唯分数论，北大曾试验“中学校长实名推荐”，现在看来并不成功。我们在全国选了若干所好中学，给他们一定名额，经中学校长实名推荐的学生，可成为北大自主招生直接候选人。从2010年开始做，好几年了，未见特别出色的。我说的“特别出色”，不是指智商高，而是像钱锺书那样偏科的奇才。做“中学校长实名推荐”的目的，就是想为那些在高考时无法获得承认但特别有才华的学生开辟“绿色通道”。可实际上做不到——那些推荐上来的，参加高考也能考上。后来我想清楚了，没有一个校长敢冒险推荐偏科或成绩不高的好学生。校长即便“独具慧眼”，也不敢“独断专行”。因整个社会已经形成这么一种舆论氛围，谁都不相信有人能出于公心“举贤能”。更严重的是，一个偏科的好学生，根本就进不了重点高中，他/她在小学升初中或初中升高中时就被淘汰了。所以，“分数面前人人平等”这一教育理念，限制了某些暗箱操作，但也导致那些特立独行的好学生被卡掉。

将近四十年的唯“高考分数”是问，对中国高等教育的发展及国民素质的提高，是有意义的。但斤斤计较一分之差，用同一把尺子丈量，太长的锯掉，太短的补齐，这一选拔人才机制，固然使得中国高等教育整体实力明显提升，教授及学生的平均水平也不错，可也造成了特别优秀的人才（或者说天才）的缺乏，因此也就难见“石破天惊”的伟大成果。做学问的人都知道，“人海战术”的效果很有限，真正的突破靠的是“天纵之才”。在追求公平的同时，如何为特异之才的脱颖而出提供便利，是个值得认真思考的话题。

第七，语文教学的目标。在当下中国，完全摆脱高考这根指挥棒，任何学校都做不到。你的理念再好，只要高考成绩掉下来，家长首先就不干了。我们能做的，就是在日常教学活动中，拒绝步步为营、分分必争的教学方式，着力培养学生们的好奇心与探索欲望。大学校园里，容易产生厌学情绪的，大都是那些靠海量习题拼搏上来的学生，他们缺乏学习的自觉性与主动性，跨过高考这座独木桥以后，就显得很茫然。

在中学各科中，语文课的教学，因兼具求知和审美，最可能使得整个学习过程“其乐无穷”。但实际情况不是这样。因语文水平是长期学习的结果，突击不上来的。想想我自己的情况，当年突然接到通知，说是恢复高考制度了，谁都可以进考场。匆忙之中，全力以赴复习数学；因为，语文行不行，早就决定了。或许正是这个特点，导致很多高中生学习语文的兴趣不是很大。但在我看来，语文“投入产出比”并不低，因为它影响人的一生，而不仅仅体现在高考成绩。某种意义上，它更重要。

不信你问问走出大学校门或中小学校门的中老年人，在所有课程里面，哪门课对你影响最大？十有八九回答是语文课。

因此，中学语文老师的工作重心，应放在培养学生们的阅读兴趣以及“发现的眼光”，发现什么？发现汉语之美、文章之美、人性之美、大自然之美（参见陈平原《教育三题》之《“发现”的乐趣——关于中学语文教学的随想》，《书城》2005年12期）。

第八，语文课程的意义。说到“语文课程的意义”，必须略为解释我那句名言——“孩子一辈子的道路取决于语文”。这句话，都快变成补习学校的招生广告了，可这不是原文。2014年12月21日，我应邀在华东师范大学主办的“百年语文的历史回顾与展望”研讨会上发表主旨演说，题为《语文之美与教育之责》（初刊2015年1月9日《文汇报》），其中提及：“说中小学语文课很重要，影响学生一辈子，一点都不夸张。”

这话其实很平常，没那么耸人听闻。我还有另一句话，同样流传甚广：“语文教学的门槛很低，堂奥却极深。”不说“光明正大”的后半句，就说这略带自我调侃的前半句：“文革”中下乡插队，承蒙乡亲们信任，让我当民办教师。第一天报到，校长二话没说，就塞给我一册小学五年级的《语文》课本。我很纳闷，校长怎么这么厉害，不用任何交流，就知道我热爱语文？后来发现，凡知青下乡而有幸成为民办教师的，十有八九先教语文。因为，讲别的课程需要培训（音乐课不是谁都能教的，另当别论），只有语文课最容易上手——教得好教不好那是另一回事。

第九，关于“有难度的学习”。《读书是件好玩的事》，这是我2015年出版的书。说读书很愉快，这没错；可读书不一定很轻松，尤其是那些有意义的学习，往往是有难度的。只讲“悦读”，而不说学习中可能遇到的艰难险阻，那是骗人的。天生爱读书且无师自通，一路顺风顺水，这样的学生少而又少。学习需要督促，阅读经典更是需要指导。教师的责任，不是降低学习的难度，而是帮助学生战胜各种困难，并收获那“柳暗花明又一村”。在今天中国，为何需要提倡“有难度的学习”？

那是因为连年扩招，大学质量明显下降；而教学评鉴的普遍推广，又使得大学里开课，颇有过分迁就学生趣味的大趋势。若教师严格要求，打分偏低，学生会在评鉴表上惩罚你的。于是，从校方到教授，纷纷调低教学标准——尤其是选修课，这个问题很突出。但愿中学不是这样。

讲“有难度的学习”，并非漫天要价或高不可攀，只是要求学生能在一段时间内集中精神，做好一件事情。外在的诱惑太多，上课很难集中精神。不说别的，单是半小时不看手机，就让很多人受不了。今年9月，我到波兰亚盖隆大学的孔子学院演讲，配翻译的，一个多小时，很不好玩。同行的朋友观察到，现场一百多人，没人玩手机，也没人私下议论，让他很惊讶。不是我讲得好，而是人家还能坐得住。不只青少年，大人的手机症也一样。不信你到会场看看，虽然调成了振动状态，还是不时拿出来把玩。其实没那么多急事，就是分心，无法长时间集中精力。

第十，如何看待十分精彩且日益强大的“课件”。

五年前，北大中文系为百年庆典编辑《我们的师长》等系列图书，好多老学生都在追怀课堂上林庚先生的风神潇洒。作为诗人的林先生，其讲课风格类似俞平伯、顾随等，不以考证或史料见长，而专注于营造氛围，酝酿情绪。关于俞平伯讲李清照的《醉花阴》（“莫道不销魂，帘卷西风，人比黄花瘦”）的故事，张中行与赵俪生都有追忆，但评价天差地别，这牵涉到文学系与历史系各自的趣味与立场。至于顾随的课堂，有叶嘉莹的整理笔记以及不断呼吁，越来越得到学界的认可。我是相信鲁迅《关于太炎先生二三事》中的说法，多年后，老学生记得的，不是具体的学识，而是“先生的音容笑貌”。在《“文学”如何“教育”——关于“文学课堂”的追怀、重构与阐释》（初刊《中国文学学报》创刊号，2010年12月，后收入北京大学出版社2011年版《作为学科的文学史》）中，我曾专门辨析课堂上那些随风飘逝的声音，以及其在学术史上的意义。

凡讲求诗意的文学课堂，规划性一般都不强，往往是“行于所当行，止于所不可不止”。这种现场效果很好的课堂，在目前的评价体系中，受到了严格的限制。上学期，某教授在北大讲《大学语文》课，非常投入，现场效果也很好，可评鉴成绩却很低。他不相信，以为是张冠李戴，或有人恶搞。后来细看评分规则，其中有“计划性强不强”、“有没有使用课件”等硬性指标，方才明白自己为何没有得高分。课程及听众不同，讲课方式也该不同；是否使用PPT，应因时因地而异。至于“计划性”，同样不该过于强求——讲到得意处，顾不了那么多。真正得意的题目，我不用PPT，这样才能挥洒自如，听众也都如痴如醉。此类“感染力”很强但“计划性”不足的课堂，如今正逐渐绝迹——因不符合评鉴标准。

如今的文学（语文）课堂，普遍“技术”有余而“情感”不足。尤其是课件的使用，年轻老师很容易上瘾的。请记住，技术有两面性，不该过于依赖。娴熟地使用PPT，是能基本完成教学任务，且不会出现大的差错；但因思路早就限定了，讲课时被课件牵着走，无法随现场学生的眼光与趣味迅速调整，自由发挥的余地不大，故不会特别出彩。

第十一，慕课的成功与局限性。怎样看待慕课"（MOOC，Massive Open Online Course）的风起云涌，是个敏感话题。今年 4 月 1 日，出席华东师范大学召开的“十三五期间大力促进教育公平高峰论坛”，对话环节，谈及当下中国大学的命运及出路，我与易中天互相抬杠。只是当我质疑慕课是否能有效推进教育平等、抹平雅俗鸿沟时，易中天表示支持——因他当过老师。几天后在华盛顿参加“第四届中美文化论坛”，我与哈佛大学分管教学创新、负责慕课设计与推广的副教务长包弼德教授（Peter Bol）又有一场争辩。其实，我并不否认慕课在技术上的巨大成功，只是反对过分夸大其功用。在我看来，慕课发挥最大作用的地方是终身教育，其次是大学里的通识课，再次是各专业导论性质的入门课，最后才轮到某些中学课程。

谈及课堂，我很固执——教师必须盯着学生的眼睛，照顾大多数学生的趣味，因而不存在无往而不胜的“标准老师”。把北京四中或人大附中的课件送到广西、贵州、新疆等边远地区，技术上没有任何困难（参见汤敏:《慕课革命：互联网如何变革教育？》，中信出版社，2015 年 1 月）；但这么做到底是祸是福，很难说。我关心的是，边远地区的中学教师，若沦落为精美课件的放映员及助教，丧失自尊心与积极性，绝不是好事情。我从小地方走出来，深知“知识缺陷”并不可怕，最要紧的是学习的主动性与积极性。很多人都见识过这样的情景：程度差的学生大步迈进“精英荟萃”的重点中学，效果并不好，有时甚至是灾难性的。

我的感慨是，因不必要的“技术迷信”，今天中国，从小学、中学到大学，教育方式越来越规整、越来越僵硬、越来越匀称，总体实力有明显提升，但一流人才难得一见。我之所以小心翼翼地维护中小学老师的“自尊心”与“高大形象”，目的是保护各种不太守规则的“奇思妙想”——如果连语文课都讲得严丝合缝、板上钉钉，绝非好事情。

第十二，因地制宜与因材施教。在我看来，语文教学必须尽可能贴合学生的生活经验，不该过分追求标准化。举个例子，若高考作文谈乘坐地铁或高铁的体会，那是不合适的，因那会让边远地区的学生很沮丧。到什么山头唱什么歌，有什么经验说什么话，这才是合适的语文教育。如此强调“分别心”，是不是歧视小地方或贫困地方的学生？不是的。相反，让贫困地区学生整日关注“高大上”的话题，那是一种痛苦的折磨。中国之大，地区经济及文化差异可谓触目惊心，你若略有了解，就会反省这种“大一统”教学的弊端。至于由此而造成的城乡（准确点说是“贫富”）间知识方面的差异，进入大学后，很容易弥补的。中学阶段，主要任务应是养成求知的欲望以及学习的好习惯。

之所以反对标准化教学，因在我看来，教育必须接地气。今人喜欢谈论“经济全球化”与“文化多样性”，似乎二者是天生的一对，绝配。其实大谬不然，前者如滚滚洪流，势不可当；后者则势单力薄，正苦苦撑持。半个月前，我在三亚财经国际论坛上演讲，谈及此话题，提醒越来越国际化的听众，我们的使命是：记得乡土、记得乡音、记得父老乡亲。在中学语文教育中，此立场最好能有所体现。

第十三，教学中“面对面”的意义。人类几千年文明，教育贯穿始终，无论哪个国家哪个民族哪个时代，都有自己独特的理念与方法。教育必须与时俱进，但同时教育也必须有所保守。不是所有新技术一出来，就必须马上应用到教育上的。我常感叹，都说中国人保守，其实不对，中国人太趋新了——对于新技术，更是有一种近乎盲目的崇拜。看一下我们的城市面貌，我们的家具设计，我们的日常话题，我们的教学方式，你就明白，这是一个“趋新”远大于“保守”的民族。而在我看来，文化需要保守，风度需要养成，教育需要积累。

多年前，我写过一篇《网络时代的传统文化》（初刊《东方文化》2002 年第 1 期，后收入 2010 年北京大学出版社版《当代中国人文观察》【增订本】），提及法国人让－弗朗索瓦·利奥塔尔的《后现代状态——关于知识的报告》（原著 1979 年就在法国出版，中译本 1997 年由北京三联书店刊行），里面有一句话让我胆战心惊：信息化时代知识传递方式发生了极大变化，文化迅速普及，同时“敲响了教师时代的丧钟”（111页）。后来我想清楚了：新技术确实改变了世界，包括教学模式，但“因材施教”的理念并不过时。总有一天，整天对着屏幕读书写作的师生们，会怀念那种有点嘈杂、有点忙乱的“面对面”的交流。在这个意义上，科技发展了，但传统教育重“个体”讲“熏陶”的宗旨，依然有效。

回到本次演讲的题目，语文教学的“魅力”显而易见，至于“陷阱”，同样值得重视。中国人常说“有一利必有一弊”，可到具体论述时，往往光说好的一面。前进路上，除了霞光万丈，还有遍地荆棘以及沟沟坎坎，不能视而不见。就好像前面提及的课件或慕课，不能因其技术及文化上的巨大优势，就忽略其可能存在的若干盲点。对于我来说，无论技术如何演进，“面对面”的教学方式，以及师生从游的校园生活，永远让人迷恋。

在这个意义上，诸位任重道远。

2016年元旦修订完成于厦门海悦山庄

（初刊《中学语文教学》2016年第2期）

附录

休闲时代好读书

当下中国，有两个值得仔细琢磨的好词，一是“休闲时代”，一是“书香社会”。前者是现象描述，后者是理想表达，二者不能等量齐观，但若因缘凑合，也不无结盟的可能性。

“休闲”自古就有，且颇受哲人的关注。如古希腊哲学家亚里士多德便将“休闲”看作一切事物环绕的中心：“人们以战争求和平，以劳动求休闲。”至于中国人，更是在创造及享受“休闲”方面有特殊禀赋，以至二十世纪三十年代林语堂用英文撰写畅销书《吾国吾民》（*My Country and My People*）和《生活的艺术》（*The Importance of Living*），专门用道家哲学以及明清文人的生活趣味，来针砭美国人之不懂得生活。可惜那个“伟大的悠闲者——中国人”，虽有文献依据，却只属于特定时代的贵族、智者与文人。

这是因为，选择休闲，有三个前提条件：第一，生活有着落，不用为衣食住行担忧；第二，可随时中断繁重的体力或脑力劳动，获得足够的闲暇时间；第三，有能力也有愿望摆脱惯性，寻求新的生活体验。若这么定义，则“让多数人能够摆脱劳苦工作而拥有自有时间的大众休闲（mass leisure）萌芽于二十世纪，即那些能增加生产力并缩短人们必须工作时间的各项科技发明后”（参见 Gene Bammel & Lei Lane Burrus-Bammel 著，涂淑芳译《休闲与人类行为》第 8 页、11 页，台北：桂冠图书公司，1996 年）。那是西方人乐观的说法，在中国，“大众休闲”时代的来临，是最近二三十年的事。

影响休闲的因素很多，如社会发展水平、经济能力、受教育程度，还有社会思潮等。二十世纪中国，大部分时间或兵荒马乱，或社会动荡，或物质匮乏，谈“大众休闲”未免过于奢侈。另外，还有意识形态的羁绊——在“劳动光荣”的口号下，“休闲”的身影显得很诡异，也很可疑。我在《读书的“风景”与“爱美的”学问》

（《光明日报》2009 年 8 月 20 日）中，谈及鲁迅 1932 年刊行《三闲集》，是在反击成仿吾对他“有闲”的指责；另外，“以‘三闲’名‘书屋’，对于那些以无产阶级名义‘垄断革命’的人来说，绝对是个很大的讽刺。”其实，“有闲”等于“有钱”等于“有罪”这样的荒谬推论，对我们这代人来说并不十分陌生。记得“文革”期间，为了防止修正主义，我曾经春节不休息，跑到养猪场去捡拾猪粪、打扫猪圈，借此改造读书人的“臭毛病”。

随着科学技术的迅猛发展，越来越少的人在第一线从事繁重的体力劳动，且劳动者所需的必要劳动时间也在逐渐减少。换句话说，对于大多数人来说，闲暇时间越来越多。而将“休闲”当作一个好词，且落实为国家政策，惠及普通百姓，确实是不久前的事。政府官员称，我们的公共假期有 115 天，已达到了中等发达国家水平。很多人吐槽，说这不可能，自己并没有那么多闲暇时间。其实是这么算的，一年 52 周，每周两天休息，共 104 天，外加 11 天公共假期，合起来不就是 115 天吗？至于你是否经常加班，或如何落实带薪休假，那是另一个话题。

百姓“有闲”做什么，最好是出去旅游；因为，那样可以成就另一个产业，有利于国民经济的发展。两年前，国务院办公厅下发《国民旅游休闲纲要（2013—2020年）》，力图建立“与小康社会相适应的现代国民旅游休闲体系”。那是国家旅游局牵头做的方案，主要着眼点是发展旅游业——这既是民生，也是商机，更是产业转型的好时刻，政府当然愿意做。但“旅游休闲”合称，很容易造成误解，以为“休闲”就是“旅游”——在实际生活中，确有很多人是这么想的。

休闲需要时间，需要金钱，需要学识，但更需要好的心境。“忙得要死”或“闲得发慌”，都不好；拼命劳作赚钱，然后拼命旅游消费，也并非理想状态。休闲不一定非远行不可，也不一定花很多钱，关键是“怡情养性”——若能修养得不慌不忙、不骄不馁、不卑不亢、不愠不火，那便是很好的生活节奏。比起打高尔夫球来，读书听音乐看画展，很可能更容易获得此境界。

晚明文人陈继儒在《花史跋》中谈及，有三种人不能享受野趣、花果与草木。牧童樵夫整天在山里劳作，想的是怎么养家糊口，不会像文人那样欣赏野趣；贩卖水果的人不敢尝鲜，那是因为若都自己吃了，还怎么赚钱？前两种人不能悠闲，是生活所迫，第三种就不一样了：“有花木而不能享者，贵人是也。”自家园子里种了很多名贵花木，但无法欣赏，不是时间或金钱的问题，是没那个心思。贵人整天想的是金钱或功名，独缺悠闲的心境，因而无法真正进入花木的世界，也就谈不上田园情趣了。

所谓“休闲”，有几种不同的方式：第一，中断日复一日的劳作，什么都不做，就睡懒觉；第二，借助某种手段（如禅修），使自己彻底放松，这里着重的是心境的自我调整；第三，选择自己感兴趣而平日无暇享受的娱乐方式（如唱歌、下棋或旅游）；第四，用一种轻松的方式自我学习，重新积蓄能量（俗称“充电”）。四者没有高低之分，也不是一个递进关系，纯属个人爱好。但有一点，若能在放松、娱乐与自由发展之间，取得某种平衡，那无疑是最佳状态。

这就说到了读书。想象国人因为闲暇时间增加，或教育普及，自然而然地养成良好的阅读习惯，那是天大的误解。记得好几年前，政府曾提出“构建学习型社会”的口号，民间也有“书香社会”的形象说法。可在我看来，口号依旧只是口号，今日中国，“书香”不是日浓，而是日淡。因此，在“休闲的时代”如何挽救“有效的阅读”，可谓迫在眉睫。

先说学习的必要性。有人十八岁就业，有人三十岁博士毕业才第一次进入劳动力市场。平均起来，就算是二十二岁就业吧，六十岁退休，工作时间大约三十八年。此前有十六年以上的“职业读书”，此后又有二十年的“活到老学到老”，这还不算在职期间隔三差五的“充电”。可以说，现代人为了适应日新月异的科技与文化，学习时间比古代人要长很多。不要说古代，想想我文革期间下乡插队，村里老人动辄说：“我吃盐多过你吃米，走路多过你过桥。”那个时候，经验很重要，年岁和资历使得老人很有尊严，也很权威。今天则大不一样，老人对外面的世界很隔膜，动辄被儿孙辈训斥——你连这个都不懂！这世界变化太快，要学的东西太多，大家（尤其是年纪大的）都活得很累。

还有一个因素必须考虑，那就是人的寿命在延长。过去说“人生七十古来稀”，如今八九十岁的老人还活蹦乱跳。2014年中国人预期寿命75岁；其中北京人预期寿命81.35岁，上海人预期寿命82.47岁，其他经济发达省份也多接近80岁。一是闲暇时间增多，二是学习的迫切性加强，最理想的，莫过于二者结盟。对于很多忙碌一辈子，习惯于风风火火、指挥若定、发号施令的领导干部，据说退休以后迅速衰老，原因是不知道如何打发闲暇时间。之所以说21世纪是教育的世纪，或者说学习的世纪，不仅是就业前的青灯苦读，在岗时的奋力拼搏，还包括退休后的“享受生活”。

每个人的状态不一样，但如何让“休闲”与“读书”同行，让二者心甘情愿地走到一起，而不是拉郎配，绝对是个有趣的话题。这里不谈富二代，不说啃老族，也不提失业者或工作狂，说的是普通人的生存状态——学会劳作，学会休闲，学会将劳作与休闲有机结合，学会将自由自在的阅读作为一种休闲方式，不是一件容易的事情。

政府官员谈“休闲”，容易往“文化产业”方向靠；我关心的，则是作为一种休闲方式的“阅读”。最近这些年，每当临近“世界读书日”（4月23日），就会被邀请做关于读书的讲座。面对此尴尬局面，我既感慨，又惭愧。说惭愧，是因为自己书都没读好，便如此“好为人师”，到处劝学；说感慨，是一年365天，或春花秋雨，或晨钟暮鼓，何时不宜“读书”，为何需要设立节日特别提醒？可见，“读书”还属稀罕物，尚未成为国人的生活方式。

十年前我写过一篇流传很广的文章——《作为一种生活方式的读书》（《文汇报》2005年12月25日）；十年后，参加“2014中国好书颁奖仪式”的录制，被邀请用“一句话”说出读书的意义，以便作为广告语播出，那一刻我突然语塞，赶紧落荒而逃。不是编导的问题，是我自己的心理障碍——正隐约觉得，今日之提倡“读书”，有沦为口号的危险。

可怎么才能让无心、无力、无暇、无兴趣亲近书本的人，真切地感受到“阅读的乐趣”呢？说实话，我也不知道。或许，所谓“休闲时代好读书”，只是我的一厢情愿。

2015 年 4 月 5 日于京西圆明园花园

（初刊 2015 年 4 月 23 日《文汇报》）

读书三策[①]

我在北京大学出版社刊行《读书的“风景”——大学生活之春花秋月》序言中称：“老师有老师的经验，老师也有老师的毛病；最明显的，莫过于‘好为人师’——总觉得自己有责任指导年轻一辈，让其少走弯路。其实，一代人有一代人的长处，一代人有一代人的困境，不身临其境，很难深切体会什么叫‘艰难的选择’。”2015年中华书局出版《读书是件好玩的事》，我又在序言中提及：“教了几十年书，很容易养成‘好为人师’的毛病，这点我很警惕。”

话是这么说，关键时刻还是把持不住，比如今天在

① 此乃作者2016年3月6日于北京大学召开的“首都高校师生志愿服务：经典导读‘春晖计划’启动仪式”上的演讲稿。

经典导读的“春晖计划”启动仪式上演讲，还是答应谈谈读书问题。俗话说得好，老狗玩不出新花样。只是有感于主办方盛情邀请，我就说三句话，夸张点说，也叫“读书三策”。

第一句话：少读书，才能读好书。

那篇根据我2013年5月3日在北京大学图书馆的演讲整理而成的《读书是件好玩的事》，初刊《读书》2013年第9期，《新华文摘》2013年21期转载，其中提及：“过去总说‘多读书，读好书’，以我的体会，若追求阅读的数量与速度，则很可能‘读不好’。成长于网络的年青一代，很容易养成浏览性的阅读习惯，就是朱熹说的‘看了也似不曾看，不曾看也似看了’。因此，我主张读少一点，读慢一点，读精一点。世界这么大，千奇百怪，无所不有，很多东西你不知道，不懂得，不欣赏，一点也不奇怪。”文章最后建议，认认真真读几本好书，以此作为根基，作为标尺，作为学问储备，也作为精神支柱。不追求阅读的数量，是希望你我停下匆匆的脚步，好好欣赏路边的风景。表面上看在后退，实际上是求进取。

至于什么是“好书”，很难界定。我以前谈过，在宽容的现代人眼中，“经典”可以是临时性的——只要为一时代的读者广泛认可，即不妨冠以此称。这个意义上的“经典”，当然不像《论语》或《圣经》那样“坚不可摧”，而是需要在历史长河中，经由一系列的沉浮，再最终确定其地位。放眼望去，你会发现，同是“经典”，二十年、五十年、一百年、五百年、一千年、两千年，年纪大小与含金量的高低基本上成正比。两千年前的“经典”，也会面临阴晴圆缺，但有朝一日完全被遗忘的可能性不大；反过来，二十年前的“经典”，则随时可能因时势迁移而遭淘汰出局（参见《触摸历史与进入五四》第五章《经典是怎样形成的》，北京大学出版社,2005 年）。我并不主张只读五百年或一千年的经典。若真的以为“半部论语治天下”，或者“八部书外皆狗屁”，那很容易变迂腐的。新旧并置，长短结合，只要是经得起考验、略有些年纪的好书，都值得你我认真阅读。

第二句话：鉴赏优先，批判其次。

先说徐复观读书的故事。抗战中当过蒋介石侍从室秘书的徐复观，抗战结束后以少将军衔退伍，专心做学问，日后成为海外新儒家的代表人物。话说 1943 年他到重庆的勉仁书院找熊十力先生求教。熊十力吩咐先读王夫之的《读通鉴论》。徐复观说，这书我读过了。熊十力说，回去再好好读。几天后，徐复观来见熊十力，说那书我又读了，里面有好多错误，这里不对，那里不妥。话还没有说完，熊十力拍案而起，说你这笨蛋，你滚吧，这么读书，一辈子都没有出息。读书先要看它的好处，你整天挑毛病，这样读书，读一百部、一千部、一万部都没有用。徐复观日后追忆，说这件事让他起死回生，明白该如何读书了。

五四以前的读书人，对古人太崇拜了；五四以后的读书人，又把古书太不当回事。我认为，高看古人、没有反叛精神固然不好，低看古人、整天挑毛病也不行。单就求学阶段而言，熊十力主张读透一部经典，养成好的眼光、趣味与能力，是经验之谈。因为，无论古人还是古书，都是有好有坏，我们时间很紧，犯不着整天替古人担忧，说他如何“脏乱差”。他不好，你绕开就是了，先挑好书读，尚友古人，朝夕相处，你的学问及精神境界就会得到提升。将来著书立说，你很有见解，说孔子什么话不对，韩愈某个观点有问题，那是以后的事情。读书阶段，你的主要任务是汲取好书中的精华，用来滋养自己，这是第一位的。至于高屋建瓴，火眼金睛，把古人批得体无完肤，那是做研究的时候才需要的。

第三句话：自家体会，文火煲汤。

同样读书，有人读书活，有人读书死，只说“开卷有益”远远不够，还得明白读书的门径与境界。常被问读书有什么窍门，我的回答很让人沮丧：最大的窍门就是别走太多的弯路。因为，世上本无不花气力而迅速成功的“武林秘籍”，你太想寻找诀窍，反而容易走弯路。

小时好学，抄了很多古今中外的读书格言。长大后发现，这些佳言隽语仅仅起到励志的作用。书还是要自己读，自己去领悟、去体会，听别人讲总是隔靴搔痒。所谓“纸上得来终觉浅，绝知此事须躬行”，陆游的诗句用在读书上最合适。必须亲历实践，包括得意、张狂、挫折、碰壁等，才能有深入骨髓的真切体会。

同样读书，有立马见效的技能培训，但那是低层次的；如果目光远大，追求胸襟与学养，则必须具备良好心态，而且愿意花时间。就像广东人煲汤，火太猛，效果并不好，要文火煲出来的汤才好喝。某种意义上，读书也是这样，要有长期奋斗的准备，不能太急，不能太功利，不能有突飞猛进、日进斗金的时刻表。

不是要“经典导读”吗，为什么说这些？因为，怕你把事情想得太简单太容易了。“导读”有用，但作用有限，只是提供登山的拐杖而已。关键是你自己要读，而且真的在读，这个时候，“天时地利人和”才能发挥作用。否则，别人是帮不了什么忙的。

好在能看到以上不怎么励志的“丑话说在先”的，必定是读书种子，且已蓄势待发。若如是，明白前途光明，但也理解荆棘遍地，这个时候上路，才比较从容。

（初刊 2016 年 3 月 29 日《光明日报》）

发现语文之美，享受阅读之乐

——答《语文建设》记者李节问

今年九月，陈平原教授卸任北京大学中文系主任，作为北京大学和香港中文大学的双聘教授，陈先生今后将专心致力于学术研究。他说："做行政不是我的理想，我的志趣在学术。"做行政和做学问确实是两种思路，这几年，陈先生已经感受到行政对于一个学者思维的破坏。陈平原教授也曾经参与过中学语文教材的编写，但是很快就退出了。退出的理由，用他自己的话说就是：中学语文教学是一个专业，不是"客串"一下就可以搞好的，我们必须尊重这个专业。近日，本刊对陈平原教授进行了专访，就语文学习的特点和规律、语文教材的编写等问题进行了深入对话。

《语文建设》：您是1977年参加的高考，当年您的高考作文登在了《人民日报》上。能否谈谈中学阶段语文老师或者语文课对您的影响？

陈平原：真是很惭愧，都三十多年了，还在谈高考作文。不久前，我去人民日报社演讲，也被提及此事。二十年前，我曾写过一则短文《永远的“高考作文”》，嘲笑自己老走不出“高考作文”的阴影。考场上的作文，本就难写好，更何况那时刚从“文革”中走出来，文章如何可想而知。当初《人民日报》选登高考作文，与其说是鼓励千百万考生，不如说是展现改革开放的姿态。正因此，这么多年了，每当需要将“恢复高考”与“改革开放”进程相连接，都会提及此文。

我是在“文革”期间上的中学，初中阶段没课上，整天“闹革命”；念高中时，碰上了邓小平“右倾回潮”，总算认真读了两年书。我是从插队的山乡跑去念书的，就近入学，进的是广东潮安磷溪中学。教我们语文课的金老师和魏老师，人都挺好，上课认真，对我很有帮助。但说实话，我的语文修养主要得益于家庭教育。

父母都是语文教师，家里藏书比较多，使得我从小养成了读书的习惯。插队八年，记得“耕读传家”这一古训，没有一日废弃书本。

这不是一个人两个人的问题，最近，我们和欧美同学会建言献策委员会及上海交大媒体文化和社会发展高等研究院联合召开了“纪念77、78级毕业30周年论坛”，我发现，好多人都有类似的经历。或许这是我们这代人的共同特点：缺少正规的基础教育，知识结构上有明显缺陷；好处是善于自学，不墨守成规，无论日后学什么专业，常有逸出常轨的思考。还有一点，这代人不管学什么，普遍对“语文”有好感。因为，在乡下的日子里，“语文”是可以自学的；甚至可以这么说，“语文”主要靠自学。

章太炎说过，他的学问主要靠自学，而且，得益于人生忧患。与别的专业不同，一个人的“语文”能力，与人生阅历密切相关。这也是好多大作家没念过或者没念完大学，以及大学中文系不以培养作家为主要目标的原因。

《语文建设》：根据您个人的经验，学好语文的关键是什么？

陈平原：今日中国，不管中考还是高考，考生都会全力以赴认真复习。这个时候，你会发现，恶补别的科目有用，恶补语文没用。因为语文的学习，主要靠平日长期积累。记得我参加高考，根本没预备语文，只是复习数学。我想，今天的中学生，大概也是这个样子。不是说语文不重要，而是语文无法“突击”。语文教学的特点是慢热、恒温，不适合爆炒、猛煎，就像广东人煲汤那样，需要的是时间和耐心。从这个意义上讲，“语文教学”说难也难，说容易也很容易。问题在于，心态要摆正，不能太急。

传统教育与现代教育有很大差异，不说培养目标，也不说课程设计，就说教学方式吧。以诗文为例，过去主要靠自学，学生面对经典的文本，仔细琢磨，百思不得其解，这才去请教；现在则以“文学史”或“文学概论”为教学中心，经典文本反而成了“配合演出”。学生省了上下求索的工夫，迅速获得有关作家作品的“精彩结论”。一星期就知道《诗经》是怎么回事；再过一星期，《楚辞》也打发了。一年下来，什么李白、杜甫，还有《西厢记》《红楼梦》，都能说出个一二三。这样的教学，确实推进很快，可学生真的掌握了吗？

晚清西学大潮中，章太炎对那时刚刚传入的使用教科书的标准化教学很不以为然，称："制之恶者，期人速悟，而不寻其根柢，专重耳学，遗弃眼学，卒令学者所知，不能出于讲义。"（《救学弊论》）以课堂讲授为主，学生必定注重"耳学"，养成"道听途说"的学风。而传统中国的书院教学，依靠山长的个人魅力，以及师生间的对话与交流，自学为主，注重的是"眼学"。在章太炎看来，前者整齐划一，更适合于普及知识；后者因材施教，有可能深入研究。这种对传统书院的理想化表述，有八年杭州诂经精舍的独特经历做底，更因章太炎不满于时人对新式学堂的利弊缺乏必要的反省。

当然，现代社会"知识大爆炸"，学生需要修习的科目很多，不可能只讲"四书五经"。不过，章太炎的话提醒我们：贪多求快，压缩饼干式的教学，效果并不理想。而且，读书人一旦养成“道听途说”的习惯，很难改过来。如何在“含英咀华”与“博览群书”之间，找到合适的“度”，这值得从事教育的我们认真思考。

《语文建设》：正像您说的，语文教学说复杂也复杂，说简单也简单。关键看是不是抓住了语文教学的真义。

陈平原：其实学语文很简单，多读书、肯思考、勤写作，这样就行了。道理很多人都明白，就是不甘心，总希望有“一本万利”的好生意可做。如果着眼于高考复习，语文确实“投入产出比”太低，不太合算；但如果考虑的是整个人生，这门课影响你一辈子，太重要了。借用杜甫的《春夜喜雨》，语文课的特点就是“随风潜入夜，润物细无声”。学起来很慢，不可能像武侠小说中的大侠，一旦获得武功秘籍便功力猛增；至于效果，却是余韵无穷，在你整个人生旅途上，投下长长的影子。

我在北大推“大一国文”（即“大学语文”），碰到很大障碍，有一领导要我保证，学过这门课和没学这门课的学生要有“明显差异”。我拒绝了，这不仅做不到，而且毫无道理。学语文，特别忌讳每天追问自己：今天进步了多少，上考场能加几分？必须摆正心态，晓得这门课有大用，但不急用，讲究的是积累与熏陶，这才能在学习中获得乐趣。之所以说“乐趣”，而不是学校里老师表扬人时常用的“进步”，那是因为，在我看来，教好语文课的关键，在于让学生在学习过程中“自得其乐”。

面对今天日益见多识广的中学生乃至大学生，你再说什么“书中自有黄金屋，书中自有颜如玉”，不但思想不正确，也没人信。在我看来，要学生热爱这门课，只有一个办法，那就是让他们觉得，这门课既长知识，也很有趣，值得学。

《语文建设》：您说的“急用”与“大用”，似乎分别与语文的“工具性”与“人文性”有关，您怎么看语文的“工具性”与“人文性”？您认为语文教学的目的是什么？

陈平原：自古以来，中国人做事，都不满足于纯粹的技术操作，而希望由技至道。讲求技术性与精神性的统一，此乃中国文化的特色；只是具体阐述时，往往说得过于玄虚，很难真正落实。语文的“工具性”相对好说，经过百年摸索，我们大致明白该如何培养学生的听说读写能力。你可以批评它太刻板，但确实很有效，具备可操作性。至于“人文性”，真的是只可意会，难以言传。批评别人的语文教学缺乏“精神性”，这很容易；可如何将“精神性”贯彻到具体的教学实践中，则相对要难得多。

语文教育与人的精神发展密切相关，但所谓的“教书育人”，不能理解得太狭隘。过于直接的道德说教，过于强烈的伦理诉求，很容易引起学生反感，效果并不好。传统中国，同样强调文学与教化之间有着千丝万缕的联系，“诗言志”与“文以载道”，就有很大的不同。套用到语文教学，我更欣赏风流蕴藉的“诗教”。在审美中隐含着道德判断，而不是开口见喉咙，这是语文教学不同于“政治读本”的根本所在。

考虑到中学生接受知识有很多途径，并不单纯依赖语文课，我主张语文教学应该轻装上阵：以审美为中心，不戏说，不媚俗，也不自戴高帽。在我看来，中学生之阅读作品，可以有质疑，有批判，但更应注重“了解之同情”，以及鉴赏中的追摹。现实人生中，确有许多假丑恶，但语文教学更倾向于表彰真善美。与此相联系，在教学活动中，以培养“发现的眼光”为主要目标——知识可以积累，眼光及趣味却不见得。而所谓“发现的眼光”，是指在教学活动中，努力去发现汉语之美、文章之美、人性之美以及大自然之美。好的诗文，兼具“四美”，只是含而不露，需要认真体味，方能有所领悟。至于道德教诲，往往浮在上面，一眼就能看清。

语文教学改革中，存在着很多张力，诸如关注“当下”还是“过去”，注重“思考”还是“记忆”，强调“文言”还是“白话”，突出“知识系统”还是“教学乐趣”等。除此之外，还有一个思路，那就是能否将语文教学的重心，从相对朦胧的“人文性”，转换成确凿无疑的审美能力的培养。对于如此美好的世界，不仅仅是

“知道了”，还必须学会欣赏与享受；而这一发现“四美”的过程，“真”、“善”也在其中。

《语文建设》： 蔡元培先生就曾经提出通过国文科进行美育，他认为国文科可以同音乐、美术并列，是美育的基本课程（《在国语传习所的演说》）。如果以培养审美能力为主要目的，让学生通过语文课发现语文的美，教材选文该注意些什么？

陈平原： 通过阅读，可以获得两种快感：一是诉诸直觉，来得快，去得也快；一是含英咀华，来得迟，去得也迟。语文课本的编纂，历来有两种思路：一是贴近生活，一是追求久远。依我浅见，带入本地风光，引入时尚话题，尽量拉近与学生的心理距离，所有这些努力，都不应该以牺牲文章的美感为代价。换句话说，“本地风光”也好，“时尚话题”也好，首先必须是文章可读，值得你认真鉴赏。假如是课外读物，说实话，老师管不着。可一旦作为正式教材，其阅读便带有某种强制性，必须考虑其是否经得起学生的再三咀嚼。

“经典阅读”与“快乐阅读”，二者并不截然对立。我只是强调，追求不假思索的瞬间愉悦，不是语文教学的根本目标；相反，应该注重的是培养学生发现的目光。发现什么？发现表面上平淡无奇的字里行间所蕴含着的真善美。而这种“发现”的能力，并非自然而然形成，而是需要长期的训练与培育。

至于如何编写语文课本，我就说两点：第一，低年级课本不选意识形态很浓的篇章。越是小孩子，记忆越清晰，选择为整个一生打底子的诗文，不能太偏激，不要太现实，多从人性以及审美的角度思考。第二，编教材，我不过分强调“出新”。原因是，很多传世名篇的“好”，是得到广泛认同的。为教材选文，应该只管“好坏”，不问“新旧”。对教师来说是“旧”的，对学生依旧是“新”。基础教育不同于文学创作，讲求的是教学的有效性，而不是编写者的特立独行。经典阅读与时尚阅读，二者如何协调，历来见仁见智。我更偏向于前者，因为，越是时髦的东西，生命力越短暂。

《语文建设》：新课程以来，很多版本的中小学语文教材都请大学教授担任主编，您对此怎么看？

陈平原：视野开阔、学识渊博的大学教授参与到中小学教材的编写中，当然有好处。首先是打破了原先相对封闭的教材编纂格局；其次是更多关注知识的整体性与延续性；再次，为推进教材革新提供了某种理论高度以及象征资本。但中小学教育与大学教育毕竟不是一回事，切忌将原本应在大学才教的知识，提前压缩到中学课本中去。大城市里的重点中学，教师和学生水平都很高，可这不是整个教改及课本编写的主要目标。另外，过多站在大学教授的立场看问题，可能会忽略中小学生的生理特点、接受能力以及欣赏趣味等。若是这样，调子唱得很高，但所编教材可能不切实际，不好用。

在我看来，大学教授若想介入中小学教育，首先必须多与中小学老师接触、交流，了解中小学的教学规律；不能"居高临下"，站在大学的立场来指导中小学教学。北大中文系每年都派老师参与高考命题、组织高考阅卷、培训中学教师等，现在广泛使用的人民教育出版社版语文课本，就是袁行霈教授带着我们好些老师参与编写的。但北大中文系教授中，积极介入中小学教育、成功主持语文教材编写的，当推钱理群和温儒敏。他们俩的风格不太一样，老钱一直坚守民间立场，老温则官方色彩比较浓，承接的是教育部项目。但有一点，他们都不是一时兴起，而是多年以来持之以恒地关注中小学教育。

《语文建设》：您的意思是说中小学教材编写本身是一个专业，并不是说搞文学的或者大学中文系的老师就可以编？

陈平原：是这个意思。举个例子吧，几年前，我翻看《叶圣陶全集》，偶尔读到这么一首《小小的船》，当即热泪盈眶："弯弯的月儿小小的船，小小的船儿两头尖。我在小小的船里坐，只看见闪闪的星星蓝蓝的天。"这是我小学时念过的课文，怎么会出现在《叶圣陶全集》？赶紧查《叶圣陶年谱》，才知道某年某月某日，叶先生正主持编写小学语文课本，因找不到合适的范文，干脆自己写一首。说实话，那一瞬间，我很震撼。

当初叶圣陶、张志公、张中行等人编中小学语文教材，他们都是大行家，且全力以赴，一辈子把这当事业来认真经营。他们深知什么样的语言、什么样的文章适合哪个年级的中小学生阅读。实在找不到合适的文章，还能自己拟写。如此敬业，方才是对中小学生的爱护、对语文教育事业的尊重。像我这样，三心二意的，实在问心有愧。

中学教师与大学教师，二者职责不同，可并非楚河汉界，永远不可逾越。相反，民国年间，教过一段时间的中学，再到大学任教的，比比皆是。而现在基本上做不到，各自的生存状态都被固化了。流动性缺失，对大学教师、对中学教师都不好。同样是大学教授，当过中学老师的，与从研究院到研究院的，明显不一样。前者普遍注重表达，擅长沟通。你看教过浙江上虞白马湖春晖中学的朱自清与朱光潜，所撰《经典常谈》《语文拾零》，或《给青年的十二封信》《谈美书简》，都是设身处地为读者着想，读起来特别亲切。他们编教材，也是这个风格。

《**语文建设**》**：**教材承担着语文教学的内容，在某种程度上可以说是语文教学的风向标。这些年，我们语文教学界比较重视台湾的中小学《国文》《国语》教材，希望从中寻找借鉴。您怎么看两地教材的差异？

陈平原：我参加过教材编写，其中甘苦略有体会。领袖诗文如何处理，爱国主义怎样凸显，时事题材不能遗漏，主旋律必须高扬，还有就是汉奸文人不能入选等戒律，限制实在太多了，最后，你只能不求有功，但求无过。语文教育被要求承载的东西太多，“工具性”“人文性”如何协调，本来就不太好把握；再加上“政治正确”这条红线，无论如何不能触碰。这样，三下五除二，可腾挪施展的空间也就很有限了。

其实，台湾也有台湾的问题，他们的“国语文”课本（小学叫“国语”，中学叫“国文”），照样被多方挑剔，编写者也常被骂得狗血淋头。他们也是一纲多本，自由竞争，也有禁区，也讲“政治正确”，也有意识形态限制问题，只不过严重程度以及表现方式不一样而已。

具体到语文教材的特点，都兼及文言与白话，都讲循序渐进，只是两相比较，台湾的课本比较偏重古典，大陆则多收现代人的文章。其中一个有趣的差异，台湾的国语文课本基本不收翻译文章，而大陆各家所编语文教材，无一例外，都收录了不少精彩的译文。除了人文性、精神性方面的考虑，还有就是，我们认定，对于现代汉语以及现代文学的建构，翻译家起了很大作用。

《语文建设》：您为什么不太主张教材创新？

陈平原：“创新”是个好词，人见人爱：问题在于，什么叫“创新”。以及如何“创新”。教育理念变了，教材的编写方式也会跟着变；这样的“新”，乃是有源之水，起码能自圆其说。另一种“新”，着力点在选文，强调的是“新人”与“新文”，期望给人“耳目一新”的感觉。这种努力，我不太欣赏。有一阵子，我为大学生编散文选，和几位老师分头做，结果发现，大部分篇章重叠。原因是，很多传世名篇的“好”，是得到广泛认同的。所以我才说，为教材选文，应该只管“好坏”，不问“新旧”。尤其基础教育是打底子的，这个“底”会长久地留存下去，因此小时候阅读或背诵的诗文，应尽可能“纯洁无瑕”，掺杂太多时代的以及个人的色彩，我以为不妥。

文革中，我在粤东山村教小学，看着隔壁班老师花一年时间，带学生背诵毛主席的“老三篇”，心里很难受。整整一年的语文课，就学这个，学生们倒背如流。有领导来视察，几十个孩子，放开喉咙，一起拖长声调：“村上的人死了，开个追悼会，用这样的方法寄托我们的哀思，使全中国的人民团结起来……”这场景，确实很震撼。来访的领导无不拍手叫好，校长也很得意。我却暗暗叫苦，这些孩子长大后，对于语文课的记忆，该是何等苍白！

所谓“创新”，一是人文性与工具性的对峙，一是古典与时尚的协调。此外，还有一点很少被人涉及，那就是如何养育或成全“文化的多样性”。中国这么大，各地区的文化差异十分明显；可是，因政治和商业的需要，大家都在追求“大一统”。所谓“地方性知识”以及方言文化等，完全被搁置了，这实在可惜。

（初刊《语文建设》2012年第9期，人大报刊复印资料《高中语文教与学》2012年12期转载）

图书在版编目（CIP）数据

六说文学教育 / 陈平原 著．—北京：东方出版社，2016.7
ISBN 978-7-5060-9141-1

Ⅰ.①六…　Ⅱ.①陈…　Ⅲ.①语文教学—教学研究
Ⅳ.①H19

中国版本图书馆 CIP 数据核字（2016）第 165264 号

六说文学教育
（LIU SHUO WEN XUE JIAO YU）

作　　者：陈平原
责任编辑：邓　翃
出　　版：东方出版社
发　　行：人民东方出版传媒有限公司
地　　址：北京市东城区东四十条 113 号
邮政编码：100007
印　　刷：保定市正大印刷有限公司
版　　次：2016 年 9 月第 1 版
印　　次：2019 年 5 月第 2 次印刷
开　　本：787 毫米 ×1092 毫米　1/32
印　　张：6.75
字　　数：85 千字
书　　号：ISBN 978-7-5060-9141-1
定　　价：35.00 元